Gellert | Leben der schwedischen Gräfin von G***

Christian Fürchtegott Gellert
Leben der schwedischen Gräfin von G***

Herausgegeben von Alexander Košenina

Reclam

RECLAMS UNIVERSAL-BIBLIOTHEK Nr. 18610
2019 Philipp Reclam jun. Verlag GmbH,
Siemensstraße 32, 71254 Ditzingen
Gestaltung: Cornelia Feyll, Friedrich Forssman
Druck und Bindung: Kösel GmbH & Co. KG,
Am Buchweg 1, 87452 Altusried-Krugzell
Printed in Germany 2019
RECLAM, UNIVERSAL-BIBLIOTHEK und
RECLAMS UNIVERSAL-BIBLIOTHEK sind eingetragene Marken
der Philipp Reclam jun. GmbH & Co. KG, Stuttgart
ISBN 978-3-15-018610-7

Auch als E-Book erhältlich

www.reclam.de

Leben der Schwedischen Gräfinn von G***

Erster Theil.

Leipzig, bey Johann Wendler.
1747.

Leben der schwedischen Gräfinn von G***

Erster Theil.

Vielleicht würde ich bey der Erzählung meines Geschlechts eben so beredt oder geschwätzig als andere seyn, wenn ich anders viel zu sagen wüßte. Meine Aeltern sind mir in den zartesten Jahren gestorben, und ich habe von meinem Vater, einem Liefländischen von Adel, weiter nichts erzählen hören, als daß er ein rechtschaffner Mann gewesen ist, und wenig Mittel besessen hat.

Mein Vetter, der auch ein Landedelmann war, doch in seiner Jugend studiret hatte, nahm mich nach meines Vaters Tode zu sich auf sein Landgut, und erzog mich bis in mein sechzehntes Jahr. Ich habe die Worte nicht vergessen können, die er einmal zu seiner Gemahlinn sagte, als sie ihn fragte, wie er es künftig mit meiner Erziehung wollte gehalten wissen. Vormittage, fieng er an, soll das Fräulein als ein Mann, und Nachmittage als eine Frau erzogen werden. Meine Muhme hatte mich sehr lieb, zumal weil sie keine Tochter hatte, und sie sah es gar nicht gern, daß ich, wie ihre jungen Herren die Sprachen und andre Pedantereyen, wie sie zu reden pflegte, erlernen sollte. Sie hätte mich dieser Mühe gern überhoben; allein ihr Gemahl wollte nicht. Fürchten sie sich nicht, sprach er zu ihr, das Fräulein lernt gewiß nicht zu viel. Sie soll nur klug und gar nicht gelehrt werden. Reich ist sie nicht, also wird sie niemand als ein vernünftiger Mann nehmen. Und wenn sie diesem gefallen, und das Leben leicht machen helfen soll: so muß sie klug, gesittet und geschickt werden. Dieser rechtschaffene Mann hat keine Kosten an mir gesparet; Und ich würde gewiß noch etliche Jahre eher vernünftig geworden seyn, wenn seine Frau einige Jahre eher gestorben wäre. Sie hat mich zwar in Wirthschaftssachen gar nicht unwissend gelassen; allein sie setzte mir zu gleicher Zeit eine Liebe zu einer solchen Galanterie in den Kopf, bey der man sehr glücklich eine stolze Närrinn werden kann. Damit sie etwas zu putzen hätte, so hat sie sich oft in ihr Zimmer mit mir verschlossen, und mir die schönsten Kleider und den größten Schmuck angeleget, mich vor den Spiegel geführt, und mir hundertmal gesagt, daß ich recht englich aussähe. Wenn dieses geschehen war, so kleidete sie ihren Engel zum Zeitvertreibe wieder aus. Ich war freylich damals noch nicht alt; allein ich war alt genug, eine Eitelkeit an mich zu nehmen, zu der unser Geschlecht recht versehn zu seyn scheinet. Aber zu meinem Glücke starb meine Frau Base, ehe ich noch zehn Jahre alt war, und gab meinem Vetter durch ihren Tod die Freyheit, mich desto sorgfältiger zu erziehen, und die übeln Eindrücke wieder auszulöschen, welche ihr Umgang und ihr Beyspiel in mir gemacht hatten. Ich hatte von Natur ein gutes Herz, und er durfte also nicht sowohl wider meine Neigungen streiten, als sie nur ermuntern. Er lieh mir seinen Verstand, mein Herz recht in Ordnung zu bringen, und lenkte meine Begierde zu gefallen nach und nach von solchen Dingen, die das Auge einnehmen, auf diejenigen, welche die Hoheit der Seele ausmachen. Er sah, daß ich wußte, wie schön ich war; um desto mehr lehrte er mich den wahren Werth eines Menschen kennen, und an solchen Eigenschaften einen Geschmack finden, die mehr durch einen geheimen Beyfall der Vernunft und des Gewissens, als durch eine allgemeine Bewunderung belohnet werden. Man glaube ja nicht, daß er eine hohe und tiefsinnige Philosophie mit mir durchgieng. O nein, er brachte mir die Religion auf eine vernünftige Art bey, und überführte mich von den grossen Vortheilen der Tugend, welche sie uns in iedem Alter, in iedem Stande, im Glücke und Unglücke, im Tode, und nach diesem Leben bringt. Er hatte die Geschicklichkeit, mir alle diese Wahrheiten nicht so wohl in das Gedächtniß, als in den Verstand zu prägen. Und diesen Begriffen, die er mir beybrachte, habe ichs bey reifern Jahren zu verdanken gehabt, daß ich die Tugend, nie als eine beschwerliche Bürde, sondern als die angenehmste Gefährtinn betrachtet habe, die uns die Reise durch die Welt erleichtern hilft. Ich glaube gewiß, daß die Religion, wenn sie uns vernünftig und gründlich beygebracht wird, unsern Verstand eben so vortrefflich aufklären kann, als sie unser Herz verbessert. Und viele Leute würden mehr Verstand zu den ordentlichen Geschäften des Berufs und zu einer guten Lebensart haben, wenn er durch den Unterricht der Religion wäre geschärft worden. Ich durfte meinem Vetter nichts auf sein Wort glauben, ja er befahl mir in Dingen, die noch über meinen Verstand waren, so lange zu zweifeln, bis ich mehr Einsicht bekommen würde. Mit einem Worte, mein Vetter lehrte mich nicht die Weisheit, mit der wir in Gesellschaft prahlen, oder wenn es hochkömmt, unsere Ehrbegierde einige Zeit stillen, sondern die von dem Verstande in das Herz dringt, und uns gesittet, liebreich, großmüthig, gelassen, und im stillen ruhig macht. Ich würde nichts anders thun, als beweisen, daß mein Vetter seine guten Absichten sehr schlecht bey mir erreicht hätte, wenn ich mir alle diese schönen Eigenschaften beylegen, und sie als meinen Charakter den Lesern aufdringen wollte. Es wird am besten seyn, wenn ich mich weder lobe noch tadele, und es auf die Gerechtigkeit der Leser ankommen lasse, was sie sich aus meiner Geschichte für einen Begriff von meiner Gemüthsart machen wollen. Ich fürchte, wenn ich meine Tugenden und Schwachheiten noch so aufrichtig bestimmte, daß ich doch dem Verdachte der Eigenliebe oder dem Vorwurfe einer stolzen Demuth nicht würde entgehen können.

Ich war sechzehn Jahre alt, da ich an den Schwedischen Grafen von G. verheyrathet wurde. Mit dieser Heyrath gieng es folgender massen zu. Der Graf hatte in dem Liefländischen Güter, und zwar lagen sie nahe an meines Vaters Rittersitze.

Das Jahr vor meiner Heyrath hatte der Graf nebst seinem Vater eine Reise aus Schweden auf diese Güter gethan. Er hatte mich etlichemal bey meinem Vetter gesehen und gesprochen. Ich hatte ihm gefallen, ohne mich darum zu bestreben. Ich war ein armes Fräulein; wie konnte ich also auf die Gedanken kommen, einen Grafen zu fesseln, der sehr reich, sehr wohlgebildet, angesehen bey Hofe, schon ein Obrister über ein Regiment, und vielleicht bey einer Prinzeßinn willkommen war? Doch daß ich ihm nicht habe gefallen wollen, ist unstreitig mein Glück gewesen. Ich that gelassen und frey gegen ihn, weil ich mir keine Rechnung auf sein Herz machte, an statt daß ich vielleicht ein gezwungenes und ängstliches Wesen an mich genommen haben würde, wenn ich ihm hätte kostbar vorkommen wollen. In der That gefiel er mir im Herzen sehr wohl; allein so sehr ich mir ihn heimlich wünschen mochte: so hielt ichs doch für unmöglich, ihn zu besitzen.

Nach einem Jahre schrieb er an mich, und der ganze Innhalt seines Briefs bestund darinn, ob ich mich entschließen könnte, seine Gemahlinn zu werden, und ihm nach Schweden zu folgen. Sein Herz war mir unbeschreiblich angenehm, und die großmüthige Art, mit der er mirs anboth, machte mirs noch angenehmer. Es giebt eine gewisse aufrichtige Art, einem zu sagen, daß man ihn liebt, welche ganz bezaubernd ist. Der Verstand thut nicht viel dabey, sondern das Herz redet meistens allein. Vielleicht wird man das, was ich sagen will, am besten aus seinem Briefe selber erkennen:

Mein Fräulein,
Ich liebe Sie. Erschrecken Sie nicht über dieses Bekenntniß, oder wenn Sie ja über die Dreistigkeit, mit der ichs Ihnen thue, erschrecken müssen: so bedenken Sie, ob dieser Fehler nicht eine Wirkung meiner Aufrichtigkeit seyn kann. Lassen Sie mich ausreden, liebstes Fräulein. Doch was soll ich sagen? Ich

liebe Sie, dieß ist es alles. Und ich habe Sie von dem ersten Augenblicke an geliebet, da ich sie vor einem Jahre gesehen und gesprochen habe. Ich gestehe Ihnen aufrichtig, daß ich mich bemüht habe, Sie zu vergessen, weil es die Umstände in meinem Vaterlande verlangten; aber alle meine Mühe ist vergebens gewesen, und hat zu nichts gedienet, als mich von der Gewißheit meiner Liebe und von ihren Verdiensten vollkommner zu überzeugen. Ist es möglich, werden Sie durch meine Zärtlichkeit beleidiget? Nein, warum sollte Ihnen die Liebe eines Menschen zuwider seyn, dessen Freundschaft Sie sich haben gefallen lassen. Aber werden Sie es auch gelassen anhören, wenn ich Ihnen mein Herz noch deutlicher entdecke? Darf ich wohl fragen, ob Sie mir Ihre Liebe schenken, ob Sie mir als meine Gemahlinn nach Schweden folgen wollen? Sie sind zu großmüthig, als daß Sie eine Frage unbeantwortet lassen sollten, von deren Entscheidung meine ganze Zufriedenheit abhängt. Ach liebste Freundinn, warum kann ich nicht den Augenblick erfahren, ob ich Ihrer Gewogenheit würdig bin, ob ich hoffen darf? Ueberlegen Sie, was Sie, ohne den geringsten Zwang sich anzuthun, einem Liebhaber antworten können, der in der Zärtlichkeit und Hochachtung gegen Sie seine größten Verdienste sucht. Ich will Ihr Herz nicht übereilen. Ich lasse Ihnen zu Ihrem Entschlusse so viel Zeit, als Sie verlangen. Doch sage ich Ihnen zugleich, daß mir jeder Augenblick zu lang werden wird, bis ich mein Schicksal erfahre. Wie inständig müßte ich Sie nicht um Ihre Liebe bitten, wenn ich bloß meiner Empfindung und meinen Wünschen folgen wollte! Aber nein, es liegt mir gar zu viel an Ihrer Liebe, als daß ich sie einem andern Bewegungsgrunde, als Ihrer freyen Einwilligung zu danken haben wollte. So entsetzlich mir eine unglückliche Nachricht seyn wird: so wenig wird sie doch meine Hochachtung und Liebe gegen Sie verringern. Sollte ich deswegen ein liebenswürdiges Fräulein hassen können, weil sie nicht Ursachen genung findet, mir ihr Herz auf ewig zu schenken? Nein, ich werde nichts thun, als fortfahren, Sie, meine Freundinn, hochzuschätzen, und mich über mich selbst beklagen. Wie sauer wird es mir, diesen Brief zu schliessen! Wie gern sagte ich Ihnen noch hundertmal, daß ich Sie liebe, daß ich Sie unaufhörlich liebe, daß ich in Gedanken auf Ihre geringste Mine bey meinem Bekenntnisse Achtung gebe, aus Begierde etwas vortheilhaftes für mich darinn zu finden. Leben Sie wohl. Ach liebstes Fräulein, wenn wollen Sie mir antworten?

Der Vater des Grafen hatte zugleich an meinen Vetter geschrieben. Kurz, ich war die Braut eines liebenswürdigen Grafen. Ich wollte wünschen, daß ich sagen könnte, was von der Zeit an in meinem Herzen vorgieng. Ich hatte noch nie geliebt. Wie unglaublich wird dieses Bekenntniß vielen von meinen Leserinnen vorkommen! Sie werden mich deswegen wohl gar für einfältig halten, oder sich einbilden, daß ich weder schön, noch empfindlich gewesen bin, weil ich in meinem sechzehnten Jahre nicht wenigstens ein Dutzend Liebeshändel zählen konnte. Doch ich kann mir nicht helfen. Es mag nun zu meinem Ruhme, oder zu meiner Schande gereichen: so kann man sich darauf verlassen, daß ich noch nie geliebet hatte, ob ich gleich mit vielen jungen Mannspersonen umgegangen war. Nunmehr aber fieng mein Herz auf einmal an zu empfinden. Mein Graf war zwar auf etliche vierzig Meilen von mir entfernt; allein die Liebe machte mir ihn gegenwärtig. Wo ich stand, da war er bey mir. Es war nichts schöners, nichts vollkommners, als er. Ich wünschte nichts als ihn. Ich fieng oft mit ihm an zu reden. Er erwies mir in meinen Gedanken allerhand Liebkosungen, und ich weigerte mich mit einer verschämten Art, sie anzunehmen. Vielen wird dieses lächerlich vorkommen, und ich habe nicht viel darwider einzuwenden. Eine unschuldige, eine recht zärtliche Braut ist in der That eine Creatur aus einer andern Welt, die man nicht ohne Erstaunen betrachten kann. Ihr Vornehmen, ihre Sprache, ihre Minen, alles wird zu einem Verräther ihres Herzens, ie sorgfältiger sie es verbergen will. Ich aß und trank viele Wochen nicht, und ich blühete doch dabey. Ich sage es im Ernste, daß ich glaube, die Liebe kann uns einige Zeit erhalten. Ich ward viel reizender, als ich zuvor gewesen war.

Mein Vetter machte sich nunmehr mit mir auf die Reise nach Schweden. Es begleiteten mich verschiedene junge Herren und Fräuleins einige Meilen, und der Abschied von ihnen ward mir gar nicht sauer. Unsere Reise gieng glücklich von statten; Und es ist mir auf einem Wege von etlichen vierzig Meilen nicht das geringste begegnet. Meine Leser die viel Romane und Heldenbücher gelesen haben, werden mit dieser Nachricht gar nicht zufrieden seyn. Hätte mich nicht einer von den jungen Herren, die mich begleiteten, entführen, und eine kleine Verwirrung in meiner Geschichte anrichten können? Ich war ja schön, und wie die Leute sagten, recht sehr schön; und ich bin auf einem so weiten Wege nicht ein einzigmal entführet worden? Ist dieses wohl glaublich? Oder ist es vielleicht mit meinen Annehmlichkeiten nicht so gewiß gewesen? Ich will mir diese Vorwürfe gern machen lassen. Genug, ich bin nicht entführet worden, und ich würde mit einer solchen Verwegenheit eines verliebten Räubers sehr übel zufrieden gewesen seyn; denn mir ward ohnedieß jeder Augenblick bis zum Anblicke meines Grafen zu lang.

Ich kam also, wie ich gesagt habe, in Begleitung meines Vetters glücklich auf dem Landgute des Grafen an. Ich fand ihn viel liebenswürdiger, als er mir vor einem Jahre vorgekommen war. Man darf sich darüber gar nicht verwundern. Damals wußte ich noch nicht, daß er mich liebte; itzt aber wußte ichs. Eine Person wird gemeiniglich in unsern Augen vollkommener und verehrungswürdiger, wenn wir sehen, daß sie uns liebt. Und wenn sie auch keine besondere Vorzüge hätte: so ist ihre Neigung zu uns die Vollkommenheit, die wir an ihr hochschätzen. Denn wie oft lieben wir nicht uns in andern? Und wo würde die Beständigkeit in der Liebe herkommen, wenn sie nicht von unserm eigenen Vergnügen unterhalten würde?

Mein Bräutigam, mein lieber Graf, erwies mir bey meiner Ankunft die ersinnlichsten Liebkosungen; und ich glaube nicht, daß man glückseliger seyn kann, als ich an seiner Seite war. Unser Beylager wurde ohne Gepränge, mit einem Worte, sehr stille, aber gewiß sehr vergnügt vollzogen. Manches Fräulein wird diese beyden Stücke nicht zusammen reimen können. Dem zu gefallen muß ich eine kleine Beschreibung von meinem Beylager machen. Ich war etwan acht Tage in Schweden, und hatte mich völlig von der Reise wieder erholet, als mein Graf mich bat, den Tag zu unserer Vermählung zu bestimmen. Ich versicherte ihn, daß ich die Ehre, seine Gemahlinn zu heissen, nie zu zeitig erlangen könnte; doch würde mir kein Tag angenehmer seyn, als der, den er selber dazu ernennen würde. Wir setzten, ohne uns weiter zu berathschlagen, den folgenden Tag an. Er kam des Morgens zu mir in mein Zimmer, und fragte mich, ob ich noch entschlossen wäre, heute seine Gemahlinn zu werden. Ich antwortete ihm mit halb niedergeschlagenen Augen und mit einem freudigen und beredten Kusse. Ich hatte nur einen leichten, aber wohl ausgesuchten Anzug an. Sie gefallen mir vortrefflich in diesem Anzuge, fieng der Graf zu mir an. Er ist nach ihrem Körper gemacht, und sie machen ihn schön. Ich dächte, sie legten heute keinen andern Staat an. Wenn ich ihnen gefalle, mein lieber Graf, versetzte ich: so bin ich schön genug angeputzt. Ich war also in meinem Brautstaate, ohne daß ichs selber gewust hatte. Wir redten den ganzen Morgen auf das zärtlichste mit einander. Ich trat endlich an das Clavecin, und spielte eine halbe Stunde, und sang auf Verlangen meines Grafen und meines eigenen Herzens dazu. Auf diese Art kam der Mittag herbey. Der Vater meines Grafen (denn die Mutter war schon lange gestorben, und die einzige Schwester auch) kam nebst meinem Vetter zu uns. Sie statteten ihren Glückwunsch ab, und sagten, daß der Priester schon zugegen wäre. Wir giengen darauf herunter in das Tafelzimmer. Die Trauung ward sehr bald vollzogen, und wir setzten uns zur Tafel, nämlich wir viere und der Priester. Die Tafel war etwan mit sechs oder acht Gerichten besetzt. Dieses war die Anstalt zu meiner Vermählung. Sie wird mancher Braut lächerlich und armselig vorkommen. Gleichwohl war ich sehr wohl damit zufrieden. Ich war ruhig, oder besser zu reden, ich konnte recht zärtlich unruhig seyn, weil mich nichts von dem rauschenden Lärmen störte, der bey den gewöhnlichen Hochzeitfesten zur Quaal der Vermählten zu seyn pflegt. Nach der Tafel fuhren wir spatzieren, und zwar zu dem Herrn R – – der meinen Gemahl auf seinen Reisen begleitet hatte, und itzt auf einem kleinen Landgute etliche Meilen von uns wohnte. Mein Gemahl liebte diesen Mann ungemein. Hier bringe ich ihnen, fieng er zu ihm an, meine liebe Gemahlinn. Ich habe mich heute mit ihr trauen lassen. Ist es nicht wahr, ich habe vortrefflich gewählet? Sie sollen ein Zeuge von meinem und ihrem Vergnügen seyn; kommen sie, und begleiten sie uns wieder zurück. Wir fuhren also in seiner Gesellschaft wieder auf unser Landgut zurück, ohne uns aufzuhalten. Kurz, der Abend verstrich eben so vergnügt, als der Mittag.

Itzt wundere ich mich, daß ich meinen Gemahl noch nicht beschrieben habe. Er sah bräunlich im Gesichte aus, und hatte ein Paar so feurige und blitzende Augen, daß sie einem eine kleine Furcht einjagten, wenn man sie allein betrachtete. Doch seine übrige Gesichtsbildung wußte dieses Feuer so geschickt zu dämpfen, daß nichts als Großmuth und eine lebhafte Zärtlichkeit aus seinen Minen hervorleuchtete. Er war vortrefflich gewachsen. Ich will ihn nicht weiter abschildern. Man verderbt durch die genaue Beschreibungen oft das Bild, das man seinen Lesern von einer schönen Person machen will. Genug, mein Graf war in meinen Augen der schönste Mann.

Nicht lange nach unserer Vermählung mußte mein Gemahl zu seinem Regimente. Sein Vater, der bey einem hohen Alter noch munter und der angenehmste Mann war, wollte mir die Abwesenheit meines Gemahls erträglich machen, und reisete mit mir auf seine übrigen Güter. Auf dem einen traf ich eine sehr junge und schöne Frau an, die man für die Witwe des Oberaufsehers der Güter ausgab. Diese Frau hatte so viel reizendes an sich, und so viel gefälliges und leutseliges in ihrem Umgange, daß ich ihr auf den ersten Anblick gewogen, und in kurzer Zeit ihre gute Freundinn ward. Ich bat, sie sollte mich wieder zurück begleiten, und bey mir leben. Sie sollte nicht meine Bediente, sondern meine gute Freundinn seyn. Und wenn sie nicht länger bey mir bleiben wollte, so wollte ich ihr eine ansehnliche Versorgung schaffen. Sie nahm diesen Antrag mit Thränen an, und schützte bald ihren kleinen Sohn, bald die Lust zu einem stillen Leben vor, warum sie mir nicht folgen könnte. Sie gieng mir indessen nicht von der Seite, und bezeigte so viel Ehrerbietung und Liebe gegen mich, daß ich sie hundertmal bat, mir zu sagen, womit ich ihr dienen könnte. Allein sie schlug alle Anerbietungen recht großmüthig aus, und verlangte nichts, als meine Gewogenheit. Der alte Graf wollte wieder fort, und indem mich die junge Witwe an den Wagen begleitete, so sah ich ein Kind in dem untersten Gebäude des Hofes am Fenster stehen. Ich fragte, wem dieses Kind wäre? Die gute Frau kam vor Schrecken gantz außer sich. Sie hatte mich beredt, daß ihr Sohn unlängst die Blattern gehabt hätte. Und damit ich mich nicht fürchten sollte; so hatte sie mir ihn bey meinem Daseyn, ungeachtet meines Bittens, nicht wollen sehen lassen. Allein ich sahe, daß diesem Knaben nichts fehlete, und ich ließ nicht nach, bis man ihn vor mich brachte. Hilf

Himmel! wie entsetzte ich mich, als ich in seinem Gesichte das lebendige Ebenbild meines Gemahls antraf. Ich konnte kein Wort zu dem Kinde reden. Ich küßte es, umarmte zugleich seine Mutter, und setzte mich den Augenblick in den Wagen. Der alte Graf merkte meine Bestürzung, und entdeckte mir mit einer liebreichen Aufrichtigkeit das ganze Geheimniß. Die Frau, sprach er, die sie gesehen haben, ist die ehemalige Geliebte ihres Gemahls. Und wenn sie dieses Geständniß beleidiget, so zürnen sie nicht so wohl auf meinen Sohn, als auf mich. Ich bin an der Sache Schuld. Ich habe ihn von Jugend auf mit einer besondern Art erzogen, die ihnen in manchen Stücken ausschweifend vorkommen dürfte. Mein Sohn mußte in mir nicht so wohl seinen Vater, als seinen Freund lieben und verehren. Er durfte mich nicht fürchten, als wenn er mir etwas verschwieg. Daher gestund er mir alles, und ich erhielt dadurch Gelegenheit, ihn von tausend Thorheiten abzuziehen, ehe er sie begieng, oder doch, ehe er sich daran gewöhnete. Ich wußte, ehe ich meinen Sohn auf Reisen schickte, daß er ein gewisses Frauenzimmer vom bürgerlichen Stande liebte, welches meine Schwester als eine Wayse sehr jung zu sich genommen, und, weil das Kind viel Lebhaftigkeit besaß, in der Gesellschaft ihrer einzigen Tochter wohl hatte erziehen lassen. Mein Sohn hatte mir aus dieser Liebe nie ein Geheimniß gemacht. Er bat mich, da er seine Reisen antrat, daß ich ihm erlauben möchte, dieses Frauenzimmer, als seine gute Freundinn, mitzunehmen. Kurz, ich war entweder zu schwach, ihm diese Bitte abzuschlagen, oder ich willigte mit Fleiß darein, um ihn von den gefährlichen Ausschweifungen der Jugend durch ihre Gesellschaft abzuhalten. Und dieses ist eben das Frauenzimmer, das sie itzt gesehen und nach der gemeinen Rede für eine Witwe gehalten haben. Sie besitzt sehr gute Eigenschaften, und ich habe ihr zehn tausend Thaler ausgesetzt, damit sie heyrathen kann, wenn es ihr beliebt. Für ihren Sohn habe ich auch etwas gewisses zu seiner

Erziehung bestimmt. Und wenn ihnen diese Frau gefährlich scheint: so will ich sie binnen wenig Tagen nach Liefland auf meine Güter schicken, und ihr daselbst alle mögliche Versorgung verschaffen.

Man glaube ja nicht, daß ich die ehemalige Geliebte meines Gemahls zu hassen anfieng. Nein, ich liebte sie, und die Liebe besänftigte die Eifersucht. Ich bat, daß er sie mit einer anständigen Heyrath versorgen, und sie entfernen möchte. Bey unserer Zurückkunft traf ich meinen Gemahl schon an. So sehr ich von der Gewißheit seiner Liebe versichert war: so konnte ich doch nicht ruhig werden, bis ich ihn durch allerhand kleine Kaltsinnigkeiten nöthigte, ein Geheimniß aus mir heraus zu locken, das mein Herz nicht umsonst entdecket haben wollte. Er erschrack, und beklagte sich über die Unvorsichtigkeit seines Vaters, daß er mich an einen Ort geführet hätte, der unsrer Zärtlichkeit so nachtheilig seyn könnte. Er gab den Augenblick Befehl, daß man dieses Frauenzimmer nebst ihrem Sohne entfernen, und alles, was sie verlangte, zu ihrem Unterhalte ausmachen sollte. Dieses geschah auch binnen acht Tagen. Ich konnte keine deutlichere Probe von seiner Treue verlangen, und es war mir unmöglich, ihn wegen dieser Sache auch nur einen Augenblick zu hassen, ob ich mich gleich von aller Unruhe nicht frey sprechen will.

Er gestund mir, daß er dieses Frauenzimmer gewiß zu seiner Gemahlinn erwählet haben würde, wenn er die Einwilligung vom Hofe hätte erhalten können. In der That verdiente sie dieses Glück so wohl als ich. Ich sah bey nahe keinen Vorzug, den ich vor ihr hatte, als daß ich adelich gebohren war. Und wie geringe ist dieser Vorzug, wenn man ihn vernünftig betrachtet! Sie hatte sich gar nicht aus Leichtsinn ergeben. Die Ehe war der Preis gewesen, für den sie ihm ihr Herz und sich überlassen hatte. Der Vater des Grafen hatte die Liebe und die Wahl seines Sohnes gebilliget. Sie kannte das edelmüthige Herz ihres Geliebten. Sie war von der Aufrichtigkeit seiner Zärtlichkeit überzeugt. Ein Frauenzimmer, das sich unter solchen Umständen in eine vertrauliche Liebe einläßt, verdienet eher Mitleiden, als Vorwürfe. Mein Gemahl erzählte mir einen Umstand, der Carolinens Werth, so will ich seine Geliebte künftig nennen, sehr verschönert. So bald sie gesehen, daß er die Einwilligung, sich mit ihr zu vermählen, nicht würde erhalten können, ohne dabey sein Glück in Gefahr zu setzen, und die Gnade des Hofes zu verlieren: so hatte sie sich des Rechts auf sein Herz freywillig begeben. Er zeigte mir folgenden Brief von ihr, der mich wegen seines großmüthigen Innhalts ungemein gerühret hat.

Mein lieber Graf,
Ich höre, daß man Ihnen den Entschluß, mich für ihre Gemahlinn zu erklären, sehr sauer macht. Sie dauren mich, weil ich gewiß weis, daß Sie mich lieben, und daß Sie eben so viel Ueberwindung brauchen, mir ihr Wort nicht zu halten, als es mich Mühe kostet, meine Ansprüche auf das edelste und großmüthigste Herz fahren zu lassen. Doch wenn ich einmal meinen Grafen verlieren soll: so will ich ihn mit Ruhm verlieren. Kurz, mein liebster Graf, ich opfere Ihrem Glücke und Ihrem Stande meine Liebe und meine Zufriedenheit auf, und vergesse das schmeichelhafte Glück, Ihre Gemahlinn zu werden, auf ewig. Sie sind frey, und können sich zu einer Wahl entschliessen, welche Ihnen nur immer gefällt. Ich bin alles zufrieden, wenn ich nur sehe, daß Sie glücklich wählen, und die Zufriedenheit an der Seite Ihrer Gemahlinn erhalten, die ich Ihnen durch meine Liebe habe verschaffen wollen. Dieses ist, wie der Himmel weis, mein größter Wunsch. Und was gehöret mehr zu der Aufrichtigkeit eines solchen Wunsches, als daß man Sie liebt! Ich mache Ihnen nicht den geringsten Vorwurf. Sie haben in meinen Augen Ihr Wort vollkommen gehalten; denn ich bin überzeugt, daß Sie es erfüllen würden, wenn es bey Ih-

nen stünde. Ich werde mich auch nie über mich selbst beklagen. Ich bin die Ihrige unter der Bedingung gewesen, daß Sie mich einst öffentlich dafür erklären würden. Ich habe Ihnen also bey aller meiner Zärtlichkeit doch nie meine Tugend aufgeopfert. Nein, das Andenken meiner Liebe wird mir allemal die größte Beruhigung geben, so traurig auch mein künftiges Schicksal der Welt vorkommen wird. Vermählen Sie sich, mein lieber Graf, und denken Sie künftig nur an mich, als an Ihre Freundinn. Diese Belohnung verdiene ich. Leben Sie wohl, und lassen Sie mir auf einem ihrer Güter einen Platz anweisen, wo ich nebst meinem Sohne in der Stille leben kann. Verlieren Sie weiter kein Wort. Ich bleibe bey meinem Entschlusse, Ihnen zu beweisen, daß ich Ihr Glück meiner Wohlfahrt vorziehe. Leben Sie wohl, mein lieber Graf.

Carolinens großmüthigem Entschlusse hatte ichs also zu danken, daß mir der Graf zu Theil worden war. Sie hatte sich nach diesem Briefe nicht mehr, als noch einmal, von ihm sprechen lassen, und sich so gleich auf das Landgut begeben, wo ich sie antraf. Er versicherte mich, daß er sie seit anderthalb Jahren nicht gesehen, und ich hätte ihr gern das Vergnügen gegönnt, den Grafen vor ihrer Abreise nach Liefland noch einmal zu sprechen, wenn es der Wohlstand hätte erlauben wollen.

Mein Graf verdoppelte seine Bemühungen, mir zu gefallen, und der Himmel weis, daß er der liebenswürdigste Mann war, den man kaum zärtlicher und edler denken konnte. Er war vernünftig und gesittet gewesen, ehe er ein Soldat geworden war, und daher hatte er nicht das geringste von dem Rohen und Wilden an sich genommen, das dieser Lebensart sonst eigen zu seyn pflegt. Er war die Gutheit und Menschenliebe selbst, und dennoch ward er im ganzen Hause so gefürchtet, daß der kleinste Wink an seine Leute die Wirkung des nachdrücklichsten Befehls that. Er schien mir vollkommen zu gehorchen; es war ihm unmöglich mir etwas abzuschlagen; er hielt alles für genehm, was ich verlangte. Allein mitten in dieser zärtlichen Unterthänigkeit wußte er sich bey mir in einer gewissen Ehrfurcht zu erhalten, daß ich bey aller meiner Herrschaft nicht so wohl meinen Willen, als vielmehr sein Verlangen in Gedanken zu Rathe zog, und in der That nichts unternahm, als was er befohlen haben würde, wenn er hätte befehlen wollen. Er war der ordentlichste Mann in seinen Geschäften, und band sich doch selten an die Zeit. Er arbeitete, so bald er sich geschickt zur Arbeit fühlete, und arbeitete so lange fort, als er sich in dieser Verfassung merkte. Allein er ließ auch von seinen Verrichtungen nach, so bald als er keine Lust mehr dazu verspürte. Daher war er stets munter, weil er sich niemals zu sehr ermüdete, und hatte stets Zeit zu den Vergnügungen übrig, weil er die Zeit niemals mit vergebenen Bemühungen zu arbeiten verschwendete. Er hatte eine sehr schöne Bibliothek auf seinen Reisen gesammlet. Ich verstund Französisch, und etwas Latein und Italiänisch. Der Büchersal ward mir in kurzer Zeit an der Seite meines Gemahls der angenehmste Ort. Er las mir aus vielen Büchern, die theils historisch, theils witzig, theils moralisch waren, die schönsten Stellen vor, und brachte mir seinen guten Geschmack unvermerkt bey. Und ob ichs gleich nicht allemal sagen konnte, warum eine Sache schön, oder nicht schön war: so war doch meine Empfindung so getreu, daß sie mich selten betrog. Unsere Ehe selbst war nichts, als Liebe, und unser Leben nichts, als Vergnügen. Wir hatten fast niemanden zu unserm Umgange, als uns. Mein Gemahl unterhielt mich, ich ihn, und unser alter Vater uns alle beyde. Dieser Mann von siebenzig Jahren vertrat die Stelle von sechs Personen. Seine Erfahrung in der Welt, seine brauchbare Gelehrsamkeit und sein zufriednes und redliches Herz machten ihn stets munter und belebt in seinen Gesprächen. Ich kann sagen, daß ich diesen Greis in drey Jahren fast keine Stunde unruhig gesehen habe; denn so viele Jahre waren in meiner Ehe verstrichen, als er starb. Gott, wie lehrreich war das Ende dieses Mannes! Er bekam sieben Tage vor seinem Tode Schwulst in den Beinen. Diese trat immer weiter, und er sah mit iedem Tage sein Ende näher kommen. Er fragte den Arzt, wie lange es noch mit ihm dauren würde. Wahrscheinlicher Weise, antwortete dieser, über drey Tage nicht. Recht gut, versetzte der alte Graf. Gott sey gedankt, daß meine Wallfahrt so glücklich abgelaufen ist. Also habe ich nur noch drey Tage von dem Leben zuzubringen, von dem ich meinem Schöpfer Rechenschaft geben soll? Ich werde sie nicht besser anwenden können, als wenn ich durch meine Freudigkeit den Meinigen ein Beyspiel gebe, wie leicht und glückselig man stirbt, wenn man vernünftig und tugendhaft gelebt hat. Er ließ darauf alle seine Bedienten zusammen kommen. Er rühmte ihre Treue, und bat sie, als ein Vater, daß sie die Tugend stets vor Augen haben sollten. Ich, fieng er an, bin euer Herr und Aufseher gewesen. Der Tod hebt diesen Unterschied auf, und ich gehe in eine Welt, wo ihr so viel, als ich seyn werdet, und wo ihr für die Erfüllung eurer Pflichten eben so viel Glück erhalten werdet, als ich für die Erfüllung der meinigen. Lebt wohl, meine Kinder! Wer mich lieb hat, und mir vor meinem Tode noch ein Vergnügen machen will, der verspreche mir mit der Hand, daß er meine Lehren und meine Bitten erfüllen will. Er befahl darauf, iedwedem eine gewisse Summe Geldes auszutheilen. Er ließ diesen und den folgenden Tag die meisten von seinen Unterthanen zu sich kommen, und redete mit ihnen eben so, wie mit seinen Bedienten. Wem er Geld zu seiner Nahrung vorgestrecket hatte, dem erließ ers. Und alle durften sich etwas von ihm ausbitten. Die Anzahl der Armen war sehr klein; denn er hatte seine Wohlthaten und seine Vorsorge gegen die Unterthanen nicht bis an sein Ende versparet. Man kann sich die Wehmuth dieser Leute leicht vorstellen. Ein ieder beweinte in ihm den Verlust eines Vaters. Nach dieser

Verrichtung fragte der sterbende Graf, ob noch iemand in seinem Hause wäre, der nicht Abschied von ihm genommen hätte. Ich sagte ihm, daß ich niemanden wüßte, außer die Soldaten, die mein Gemahl bey sich hätte. Auch diese, sagte er, sind mir liebe Leute. Sie brauchen am meisten den Tod kennen zu lernen, weil sie ihn vor andern unvermuthet gewärtig seyn müssen. Laßt sie herein kommen. Hierauf traten vier Leute herein, denen die Wildheit und Unerschrockenheit aus den Augen sah. Der alte Graf redete sie liebreich an, und er hatte kaum angefangen; so weinten diese dem Anscheine nach so beherzte und barbarische Männer, wie die Kinder. Er fragte sie, wie lange sie gedienet hätten. Sie hatten fast alle zwanzig Jahre die Waffen getragen. O, fieng der Graf an, ihr verdient, daß ihr die Ruhe des Lebens schmeckt, weil ihr die Unruhe so lange ausgehalten habt. Mein Sohn mag euch den Abschied ertheilen. Und ihr sollt euch in meinem Dorfe niederlassen, und so lange ihr lebet, noch so viel bekommen, als eure ordentliche Löhnung austrägt. Einer von diesen Leuten hat nachdem meinem Gemahle einen sehr wichtigen Dienst geleistet.

Die Nacht vor seinem letzten Ende brach nunmehr an. Er fragte den Doctor noch einmal um die Zeit seines Todes, und hörte mit der grösten Standhaftigkeit, daß er kaum vier und zwanzig Stunden noch auf der Welt seyn würde. Er forderte darauf zu essen. Er aß, und ließ sich auch ein Glas Wein reichen. Gütiger Gott, fieng er an, es schmeckt mir bey meinem Ende noch so gut, als es mir vor funfzig Jahren geschmeckt hat. Hätte ich nicht mäßig gelebt: so würden meine Gefäße zu dieser Erqvickung nicht mehr geschickt seyn. Nun, fuhr er fort, will ich mich zu meinem Aufbruche aus der Welt noch durch einige Stunden Schlaf erholen. Er schlief drey Stunden. Alsdann rief er mich, und bat, ich sollte ihm aus seinem Schreibetische ein gewisses Manuscript hohlen. Dieses war ein Verzeichniß seines Lebens seit vierzig Jahren. Und dieses mußte ich ihm bis zu anbrechendem Tage vorlesen. Als wir fertig waren, so that er das brünstigste Gebet zu Gott, und dankte ihm für die Güte und Liebe, welche er ihm in der Welt hatte genießen lassen, auf eine ganz entzückende Weise, und bat, daß er ihn in der künftigen Welt die Wahrheit und Tugend, der er hier unvollkommen nachgestrebt, möchte vollkommen erreichen lassen. Er ließ seinen Sohn rufen, nam uns beyde in die Arme, und fieng an zu weinen. Dieses, sagte er, sind seit vierzig und mehr Jahren die ersten Thränen, die ich vergieße. Sie sind keine Zeichen meiner Wehmuth und Furchtsamkeit, sondern meiner Liebe. Ihr habt mir mein Leben angenehm gemacht; allein das Glück, das ich nach meinem Tode hoffe, macht mir den Abschied von euch sehr erträglich. Liebt getreu, und genießt das Leben, das uns die Vorsehung zum Vergnügen und zur Ausübung der Tugend geschenkt hat. Er gab mir noch allerhand Regeln, wie ich meine Kinder ziehen sollte, wenn unsre Ehe fruchtbar seyn würde. Und in eben der Bemühung, auch seine Nachkommen durch eine weise Vorsorge noch glücklich zu machen, starb er.

Wir lebten darauf noch einige Jahre in der größten Zufriedenheit auf unserm Landgute. Endlich erhielt mein Gemahl Befehl am Hofe zu erscheinen, und ich folgte ihm dahin.

Ich war kaum bey Hofe angekommen: so ward ich verehrt und bewundert. Es war, wie es schien, niemand schöner, niemand geschickter und vollkommner, als ich. Ich konnte vor der Menge der Aufwartungen und vor dem süssen Klange der Schmeicheleyen kaum zu mir selber kommen. Zu meinem Unglücke bekam mein Gemahl Ordre zum Marsche, und ich mußte zurück bleiben. Es hieß, ich sollte ihm bald nachfolgen; allein es vergiengen drey Monate, ehe ich ihn zu sehen bekam. Ich hatte meine ganze Philosophie nöthig, die ich bey meinem Vetter, meinem Gemahle und seinem Vater gelernet hatte, wenn ich nicht eitel und hochmüthig werden wollte. Die Ehre, die mir allenthalben erwiesen ward, war eine gefährliche Sache für eine junge und schöne Frau, die den Hof zum erstenmal sah.

Ein gewisser Prinz von S – –, der schon eine Gemahlinn, und unstreitig nicht die erlaubtesten Absichten gegen mich hatte, suchte sich die Abwesenheit meines Gemahls zu Nutze zu machen. Er bediente mich bey aller Gelegenheit mit einer ungemeinen Ehrerbietung, und mit einem Vorzuge, der recht prächtig in die Augen fiel. Er wagte es zuweilen mir von einer Neigung zu sagen, die ich verabscheuete. Dennoch wußte ich der Ehrerbietung, die er stets mit untermengte, nicht genug zu widerstehen. Ich war so treu und tugendhaft, als man seyn kann; allein vielleicht nicht strenge genug in dem äußerlichen Bezeigen. Hierdurch machte ich den Prinzen nur beherzter. Er kam an einem Nachmittage unangemeldet zu mir. Er machte mir allerhand kleine Liebkosungen; doch bey der ersten Freyheit, die er sich heraus nahm, sagte ich zu ihm: Erlauben sie mir, daß ich es ihrer Gemahlinn darf melden lassen, daß Sie bey mir sind, damit sie mir das Glück ihrer Gegenwart auch gönnt. Sie ist schon in Gedanken bey mir, fieng er an. Und mein Gemahl, antwortete ich, ist auch bey mir, wenn er gleich im Felde ist. Darauf machte er mir ein frostig Compliment, und gieng fort. Wie rachgierig dieser Herr war, wird die Folge ausweisen.

Mein Gemahl kam wieder zurück, und nach seiner Ankunft ward ihm der Hof verbothen. Dieses war die erste Rache eines beleidigten Prinzen. Wir giengen darauf auf unser Landgut. Ich entdeckte meinem Gemahle ohne Bedenken die Ursache der erlittenen Ungnade, und bat ihn tausendmal um Vergebung. Ich bin sehr wohl, sprach er, mit meinem Unglücke zu frieden. Fahren sie nur fort, mich durch ihre Tugend zu beleidigen; ich will ihnen zeitlebens dafür danken. Ich habe es voraus gesehen, daß ihnen der Hof gefährlich seyn würde. Ich konnte mir einbilden, daß man sie bewundern, und daß ihr Herz der Versuchung der Lobsprüche und Ehrenbezeigung nicht gleich den ersten Augenblick widerstehen würde. Die erlittene Ungnade ist nichts, als ein Beweis, daß ich eine liebenswürdige und tugendhafte Frau habe.

Wir lebten auf unserm Landgute so ruhig und zärtlich, als iemals. Und damit wir den Verlust unsers klugen Vaters desto weniger fühlten: so nahm mein Gemahl seinen ehemaligen Reisegefährten, den Herrn R – – zu sich. Er war noch ein junger Mann, der aber in einer großen Gesellschaft zu nichts taugte, als einen leeren Platz einzunehmen. Er war stumm und unbelebt, wenn er viele Leute sah. Doch in dem Umgang von drey oder vier Personen, die er kannte, war er ganz unentbehrlich. Seine Belesenheit war außerordentlich, und seine Bescheidenheit eben so groß. Er war in der Tugend und Freundschaft strenge bis zum Eigensinn. So traurig seine Mine aussah, so gelassen und zufrieden war er doch. Er schlug keine Vergnügung aus; allein mir kam es immer vor, als ob er sich nicht so wohl an den Ergötzlichkeiten selbst, als vielmehr an dem Vergnügen belustigte, das die Ergötzlichkeiten andern machten. Sein Verlangen war, alle Menschen vernünftig, und alle Vernünftige glücklich zu sehen. Daher konnte er die großen Gesellschaften nicht leiden, weil er so viel Zwang, so viel unnatürliche Höflichkeiten und so viel Verhinderungen, frey und vernünftig zu handeln, darinnen antraf. Er blieb in allen seinen Handlungen uneigennützig, und gegen die Glücksgüter, und gegen alle Ehrenstellen fast gar zu gleichgültig. Die Schmeichler waren seine ärgsten Feinde. Und er glaubte, daß diese Leute der Wahrheit und Tugend mehr Schaden thäten, als alle Ketzer und Freygeister. Einem geringen Manne diente er mit größern Freuden, als einem vornehmen. Und wenn man ihn um die Ursache fragte, so sagte er: Ich fürchte, der vornehme möchte mich bezahlen, und durch eine reiche Belohnung mich zu einem Lastträger seiner Meynungen, und zu einem Beförderer seiner Affecten erkaufen wollen. Er hatte einen geschickten Bedienten, der ihm aber des Tages nicht mehr, als etliche Stunden, aufwarten durfte. Als er seinen Herrn in unserer Gegenwart einmal fragte, ob er nichts zu thun hätte; so sagte er: Denkt ihr denn, daß ihr bloß meinetwegen und meiner Kleider und Wäsche wegen in der Welt seyd? Wollt ihr denn so unwissend sterben, als ihr gebohren seyd? Wenn ihr nichts zu thun habt, so setzt euch hin, und überlegt, was ein Mensch ist; so werden euch Beschäftigungen genug einfallen. Er gab ihm verschiedene Bücher zu lesen. Und wenn er ihn auskleidete: so mußte er ihm allemal sagen, wie er den Tag zugebracht hätte. Wer sich schämt, sagte er, einen Menschen vernünftig und tugendhaft zu machen, weil er geringe ist, der verdient nicht, ein Mensch zu seyn. Mein Gemahl liebte den Herrn R – –, als seinen Bruder, und wir beschlossen niemals etwas wichtiges, ohne ihn zu Rathe zu ziehen.

Um diese Zeit bekam mein Gemahl Befehl zum Marsche, weil Schweden mit der Krone Pohlen in einen Krieg verwickelt wurde. Nunmehr gieng mein Elend an. Mein Gemahl hatte einen engen und gefährlichen Paß vertheidigen sollen. Allein er hatte das Unglück gehabt, ihn und fast alle seine Mannschaft zu verlieren. Man glaubte der Prinz von S – –, der mit zu Felde war, hätte ihn mit Fleiß zu dieser gefährlichen Unternehmung bestimmt, um ihn zu stürzen. Genug, mein Gemahl ward zur Verantwortung gezogen. Man gab ihm Schuld, er hätte seine Pflicht nicht in Acht genommen, und es ward ihm durch das Kriegsrecht der Kopf abgesprochen. Gott, in welch Entsetzen brachte mich folgender Brief von meinem Gemahl!

Lebt wohl, liebste Gemahlinn, lebt ewig wohl! Es hat der Vorsicht gefallen, meinen Tod zu verhängen. Er kömmt mir nicht unvermuthet; doch würde mich die Art meines Todes erschrecken, wenn ich meinen Ruhm mehr in der Ehre der Welt, als in einem guten Gewissen suchte. Gerechter Gott! Ich soll durch das Schwerdt sterben, weil ich es nicht beherzt genug für das Vaterland geführet habe. Der Himmel weis, daß ich unschuldig bin. Und fünf Wunden, die ich bey meiner Gegenwehr empfangen habe, mögen Zeugen seyn, ob ich meiner Pflicht nachgelebt. Der Prinz von S – –, den ihr durch eure Tugend beleidiget habet, ist ohne Zweifel die Ursache meines gewaltsamen Todes. Vergebt es ihm, daß er euch euren Gemahl entreißt. Es ist weit weniger, als wenn er euch eure Tugend entrissen hätte. Lebt wohl, meine Gemahlinn, und betet, daß ich bey dem Anblicke meines Todes so beherzt seyn mag, als ich itzt bin. Meine Wunden sind gefährlich. Wollte Gott, daß sie tödtlich wären, und mich der Schmach entrissen, als ein Verbrecher vor den Augen der Welt zu sterben. In fünf Tagen soll mein Urtheil vollstreckt werden. Nehmet von dem redlichen R – – in meinem Namen Abschied. Er wird euch in eurem Unglück nicht verlassen. Ich habe den König in einem Bittschreiben ersucht, daß er euch meine Güter lassen soll; aber ich glaube nicht, daß es geschehen wird. Seyd unbekümmert, meine Getreue! Flieht, wohin ihr wollt, nur daß ihr den Nachstellungen des Prinzen entgeht. Lebt wohl. Ach wenn doch der fünfte Tag schon da wäre! O warum muß ich denn ein Schlachtopfer meiner Feinde werden! Doch es ist eine Schickung. Ich will meinen Tod mit Standhaftigkeit erwarten. Lebt noch einmal wohl, liebste Gemahlinn. Ich fühle den Augenblick eine außerordentliche Schwachheit in meinem Körper. Vielleicht sterbe ich noch heute an meinen Wunden. Mein Feldprediger kömmt. Ich will ihn bitten, daß er euch diesen Brief zustellen läßt. Faßt euch. Ich liebe euch ewig, und ich sehe euch in der künftigen Welt gewiß wieder.

Meinen Schmerz über diese Nachricht kann ich nicht beschreiben. Die Sprachen sind nie ärmer, als wenn man die gewaltsamen Leidenschaften der Liebe und des Schmerzes ausdrücken will. Ich habe alles gesagt, wenn ich gestehe, daß ich etliche Tage ganz betäubt gewesen bin. Alle Trostgründe der Religion und der Vernunft waren bey meiner Empfindung ungültig, und sie vermehrten nur meine Wehmuth, weil ich sah, daß sie solche nicht besänftigen konnten. Der angesetzte Todestag meines Gemahls brach an. Ich brachte ihn mit Thränen und Gebete zu, und fühlte den Streich mehr, als einmal, der meinem Gemahle das Leben nehmen sollte. Niemand stund mir in meinem Elende redlicher bey, als der Herr R – –. Er klagte und weinte mit mir, und erwarb sich durch seine Traurigkeit den Vortheil, daß ich die Trostgründe anhörte, mit denen er mich nunmehr anfieng aufzurichten.

Binnen acht Tagen kam der Reitknecht meines Gemahls, und brachte mir die Post, daß sein Herr drey Tage vor dem Tage des Urthels an seinen Wunden gestorben wäre. Diese Nachricht vergnügte mich, so betrübt sie war, doch unendlich. So ist er denn, als ein Held, an seinen Wunden gestorben? rief ich aus. So hat er die traurigen Zubereitungen zu einem gewaltsamen Tode, welche ärger als der Tod selber sind, nicht mit ansehen dürfen? Nunmehr bin ich ruhig. Ich fragte, ob man ihn ohne Schimpf zur Erden bestattet hätte. Er sagte mir, daß dieses gar nicht hätte geschehen können, weil in der Nacht, da er gestorben wäre, die Feinde das Dorf angefallen, und das Bataillon, bey dem mein Gemahl gefangen gesessen, genöthiget hätten, sich in der grösten Eil und mit Verlust zurückzuziehen. In eben dieser Unordnung wäre er mit gewichen, und der Feldprediger von meines Gemahls Regimente hätte ihm Gelegenheit geschafft, mit einem Detaschement zurückzugehen, und mir die Nachricht und etliche Kleinodien von meinem Gemahle zu überbringen.

Der Feldprediger hatte selbst an mich geschrieben, und mir in meines Gemahls Namen gerathen, Schweden so bald zu verlassen, als es möglich wäre, damit ich nicht der Rache des Prinzen oder seiner Wollust weiter ausgesetzt seyn möchte. Der Befehl wegen der Einziehung unserer Güter war, wie ich erfuhr, schon vor meines Gemahls Tode unterzeichnet worden. Ich entschloß mich also zur Flucht, und bat den Herrn R – – Schweden mit mir zu verlassen. Wir gaben in unserm Hause eine Reise auf die andern Güter vor, und nahmen nichts, als die Chatoulle, in welcher etwan tausend Ducaten waren, (denn mein Gemahl hatte sein baares Vermögen der Krone vorgestreckt) nebst dem Geschmeide und den Kleinodien mit uns. Alles Silbergeschirr liessen wir im Stiche, und kamen in Begleitung des vorhin gedachten Reitknechts, und des Bedienten des Herrn R – – glücklich über die Grenzen. Wir erfuhren bald darauf, daß man die Güter eingezogen, und daß man mir etliche Meilen hatte nachsetzen lassen. Wir waren nunmehr in Liefland; allein ich war deswegen noch nicht sicher. Der Prinz wollte mich in seiner Gewalt haben. Mein Vetter, der mich nach Schweden gebracht hatte, war todt, und ich wußte nicht, welches Land ich zu meinem Aufenthalte aussuchen sollte. Mein getreuer Begleiter sollte mein Rathgeber werden. Er schlug mir Holland vor, weil er in Amsterdam Freunde hatte, und er versicherte mich, daß es mir an diesem Orte gefallen würde. Hier können sie sich, sagte er, ein Paar Jahre aufhalten, bis sich die Umstände in Schweden ändern. Vielleicht glückt es ihnen, daß sie durch Vorbitte mit der Zeit einen Theil von ihres Gemahls Vermögen zurück bekommen.

Die Furcht, in des rachgierigen Prinzen Hände zu fallen, machte mir alle Länder angenehmer, als mein Vaterland. Ich entschloß mich also mit ihm nach Amsterdam zu gehen, und ich wünschte, daß mich die ehemalige Geliebte meines Gemahls dahin begleiten möchte. Wir waren etwan achtzehn Meilen von ihr entfernet, denn wir bildeten uns ein, daß sie noch auf meines Gemahls Gütern wäre, die er in Liefland hatte. Herr R – – reisete also dahin ab, um sich nach ihr zu erkundigen. Er war kaum weg, so brachte mir der Reitknecht die Nachricht, daß er Carolinen in der Kirche des Dorfes, in welchem ich mich insgeheim aufhielt, gesehen, aber nicht gesprochen hätte. Ich schickte ihn fort, und binnen wenig Stunden sah ich sie zu meinem größten Vergnügen bey mir. Sie hatte binnen den acht Jahren, da ich sie nicht gesehen, etwas von ihren äußerlichen Reizungen, doch nichts von ihrer Annehmlichkeit im Umgange verlohren. Ich erzählte ihr mein Schicksal, und fragte sie, ob sie mit mir nach Amsterdam gehen wollte. Sie vergoß tausend Thränen über mein Unglück, und über die Liebe, die ich noch gegen sie hatte. Sie verfahren, sprach sie, gar zu liebreich mit mir. Sie bezeigen mir die stärkste Gewogenheit und hätten doch vielleicht Ursache mich zu hassen. Ich halte es für mein größtes Unglück, daß ich ihnen nicht folgen kann; allein ich bin seit einem Jahre, denn so lange ist es, daß ich mich von ihres Gemahls Gütern an diesen Ort begeben habe, sehr krank gewesen, und sie werden mir es leicht ansehen, daß es mir unmöglich ist, eine so weite Reise mit ihnen zu thun. Indessen schwöre ich ihnen zu, daß mich, wofern ich wieder gesund werde, nichts in der Welt abhalten soll, ihnen nachzufolgen. Und damit ich sie von der Gewißheit meines Versprechens desto stärker überführe: so will ich ihnen meinen Sohn mit geben, wenn er ihnen nicht zur Last wird. Er ist bey mir. Ich habe mir für das Geld, das der Herr Vater ihres Gemahls zu meiner und meines Kindes Erhaltung ausgesetzet hat, ein kleines Landgut hier in diesem Dorfe gekauft, und ich biete es ihnen nicht allein zu ihrem Aufenthalte, sondern mit dem größten Vergnügen zu ihrem Eigenthume an. Wollte Gott sie blieben unerkannt bey mir, wie ruhig wollten wir nicht leben! Das Verlangen, ihnen zu dienen, sollte mich wieder gesund und munter machen.

Ich wagte es, mich auf ihren kleinen Rittersitz zu begeben.

Ich traf keinen Reichthum, keinen Ueberfluß da an; aber Ordnung und Beqvemlichkeit, die von dem guten Geschmacke der Besitzerinn zeugten. Ich fand eine Menge schöner Bücher in ihrer besten Stube. Und sie war so bescheiden, daß sie sagte, sie gehörten ihrem Sohne, da ich doch leicht merken konnte, daß sie ihr selber zugehörten. Es waren fast alle die Französischen und Schwedischen Bücher, welche mein Gemahl hochzuhalten pflegte, und ich konnte leicht errathen, wem sie diesen guten Geschmack zu danken hatte. Unter ihrem Spiegel hieng das Bildniß meines Gemahls. So bald sie merkte, daß mirs in die Augen fiel: so überreichte sie mirs zum Geschenke, und gestund mir, daß sie es selber gemahlet hätte; denn sie konnte vortrefflich in Miniatür malen. Ich hielt es für eine Grausamkeit, sie um dieses Andenken zu bringen. Darum bat ich sie, das Bild noch einmal zu malen, und dieses so lange zu behalten.

Ihr Sohn war noch nicht völlig dreyzehn Jahr alt. Er war ein sehr artiger und lebhafter Knabe. Sie hatte ihn schon in seinen zartesten Jahren einem geschickten Manne zur Aufsicht anvertraut, und ihn itzt nur auf etliche Wochen zu sich kommen lassen, weil sie wegen der anhaltenden Krankheit ihr Ende vermuthet. Sie gestund mir zu gleicher Zeit, daß sie von meinem verstorbenen Gemahle auch eine Tochter gehabt hätte. Sie wäre mit ihr in Holland darnieder gekommen, und hätte sie bey ihrem Bruder, einem Kaufmanne im Haag, theils auf sein Bitten, theils aus andern Ursachen zurück gelassen; dieses Kind aber wäre in seinem sechsten Jahre gestorben, wie ihr ihr Bruder geschrieben hätte. Ich wollte wünschen, fuhr sie fort, daß sie ihren Aufenthalt in Holland bey meinem Bruder nehmen könnten. Doch, so viel ich weis, ist er nicht mehr in den besten Umständen. Ich habe lange keine Nachricht von ihm, und weis nicht, ob er sich von seinem starken Bankerotte wieder erholet hat, oder nicht?

Der Herr R – – kam unterdessen von seiner vergebenen Reise wieder. Es war Zeit, daß wir uns von einem Orte weg machten, wo wir länger nicht wohl verborgen bleiben konnten. Ehe wir noch fortgiengen, so starb der Bediente des Herrn R – –, dessen Verlust uns nicht wenig daurete. Dieser redliche Mensch gab seinem Herrn vor seinem Tode vier hundert Stück Ducaten. Dieses Geld, sagte er, habe ich in ihrem Dienste und durch ihre Freygebigkeit gesammlet, und ich bin froh, daß ich es ihnen wieder geben kann. Ihrer Güte, ihrem Unterrichte und ihrem Exempel habe ichs zu danken, daß ich itzt gelassen und freudig sterben kann. Wenn sie nur wieder einen Menschen hätten, auf den sie sich verlassen könnten. So gewiß ists, daß man auch den niedrigsten Menschen edelmüthig machen kann, wenn man ihn nicht bloß als seinen Bedienten und Sclaven, sondern als ein Geschöpf ansieht, das unserer Aufsicht anvertraut, und zu einem allgemeinen Zwecke nebst uns gebohren ist.

Wir verließen nunmehr Carolinen, in Begleitung ihres Sohnes. Sie versprach, so bald es möglich wäre, uns zu folgen, und ihr Landgütchen zu verkaufen. Wir kamen glücklich in Amsterdam an. Der Vetter des Herrn R – –, bey dem wir uns aufhalten wollten, war zwar gestorben, doch lebte seine Tochter noch. Sie kannte den Herrn R – –, so bald sie ihn sah; denn er war, wie ich schon gesagt habe, mit meinem Gemahl ehedem durch Holland gereiset. Sie nahm uns sehr gütig auf, und ihr Ehemann war ebenfalls ein vernünftiger und dienstfertiger Mann. Ich entdeckte mich ihnen, und bat, daß sie meinen Stand nicht allein verschwiegen halten, sondern ihn auch vergessen, und mich nicht mehr als eine Gräfinn, sondern als eine unglückliche Freundinn betrachten möchten. Sie hatten von dem Schicksale meines Gemahls schon durch die Zeitungen gehöret. Und wenn ich auch keine Eigenschaften gehabt hätte, mich bey diesen Leuten in Gewogenheit und Ansehen zu setzen: so war doch mein Unglück schon die beste Empfehlung. Ja ich erfuhr, daß ein grosses Unglück in den Gemüthern vieler Menschen fast eben die Wirkungen hervor bringt, welche sonst ein grosses Glück zu verursachen pflegt. Man schätzt uns hoch, weil wir viel erlitten oder viel verlohren haben, und man macht unsern Unfall zu unserm Verdienste, so wie man oft unser Glück, ob wir gleich nichts dazu beygetragen haben, als unsre Vollkommenheit ansieht. Mit einem Worte, diese Leute erwiesen mir, ehe ich sie noch kannte, mehr Hochachtung und Gefälligkeit, als ich fordern konnte. Sie gaben mir einen ganzen Theil von ihrem Hause zu meiner Wohnung ein; ich nahm aber nicht mehr, als ein Paar Zimmer. Und damit ich diesen gutthätigen Leuten nicht zur Last werden möchte: so entdeckte ich dem Herrn R – –, daß ich willens wäre, meine Juwelen zu Gelde zu machen, und das Geld in die Handlung seiner Frau Muhme zu legen. Er sagte, daß er es mit seinen vier hundert Ducaten, die ihm sein Bedienter gegeben, schon also gemacht hätte. Mein dienstwilliger Wirth verhandelte meine Juwelen für zwölf tausend Thaler, und sagte, daß er mir keine Interessen, sondern den ordentlichen Gewinnst davon abgeben wollte, der bey der Rechnung in seinem Handel auf dieses Capital fallen würde. Ich bat ihn, daß er mir keine Rechnung ablegen, sondern mich und meine beyden Reisegefährten, an statt der Interessen, erhalten sollte. Ich lebte hier so ruhig, daß ich mir keinen andern Ort wünschte. Herr R – – hatte den Sohn von Carolinen bey sich. Weil er kein Amt hatte: so gab er sich selber eins, und zog diesen jungen Menschen mit so vieler Sorgfalt auf, als ein Mann thun kann, der in dem Bewustseyn edler Absichten und nützlicher Thaten seine Belohnung sucht. Und wie sehr würden nicht die Grossen viele niedrige und unberühmte Männer beneiden, wenn sie die Belohnung kennten, welche solchen Leuten das Gedächtniß ihrer rühmlichen Absichten und guten Thaten zu schenken pflegt. Er unterrichtete den jungen Menschen in den Sprachen und Künsten, und brachte ihm die edelsten Meynungen von der Religion und der Tugend bey. Was sein Unterricht nicht that, das richtete sein Exempel aus. Der Schüler ward seinem Lehrer ähnlich, und belohnte dessen Mühe durch einen fähigen Verstand und durch ein gutes Herz. Ich brachte meine Zeit meistens mit Studiren zu, wenn anders ein Frauenzimmer ohne Eitelkeit dieses von sich sagen kann. Ich redte des Tages gemeiniglich eine Stunde mit unserm jungen Schüler, und suchte ihm das Wohlanständige beyzubringen, das junge Mannspersonen oft am ersten von einem Frauenzimmer lernen können. Ich suchte sein flüchtiges und feuriges Wesen der Jugend durch meine Ernsthaftigkeit zu mäßigen. Ich that stets fremd gegen ihn, und stellte verschiedene Personen vor, damit er meinen Umgang nicht zu gewohnt werden, und in meiner Gesellschaft immer etwas neues finden sollte. Mit der Tochter meiner Wirthinn, welche ein Mädchen von etwan acht Jahren war, vertrieb ich mir manche Stunde. Ich lehrte sie französisch, zeichnen, sticken, und auch singen. Kurz, ich führte eine sehr ruhige Lebensart. Mein Wirth und seine Frau beqvemten sich nach meinem Geschmacke, und lernten mir die Vergnügungen ab, mit welchen sie mich unterhalten wollten. Sie brachten mich niemals in große Gesellschaften. Sie störten mich nicht in meiner Einsamkeit, als bis ich gestört seyn wollte. Ich durfte weder befehlen, noch bitten, wenn ich ein Vergnügen haben wollte. Ich durfte nur wählen. Man hielt mich in unserm Hause für eine Anverwandtinn der Wirthinn. Und wer sonst mit mir umgieng, wußte es auch nicht besser. Mein verschwiegener Stand nöthigte mich also nicht den glänzenden und sehr beschwerlichen Charackter einer Standsperson in Gesellschaften zu behaupten, und dieses zu meinem großen Vortheile. Hätte man gewußt, daß ich eine Gräfinn wäre; so würde man, an Statt mich zu bewundern, nur mein gutes für einen nothwendigen Antheil meines

Standes angesehen haben. Oder wenn es hoch gekommen wäre; so würde man mich nur verehret haben, da man mich gegentheils itzt zugleich verehrte und liebte, und meinen Umgang suchte.

Vier Jahre hatte ich nunmehr in Amsterdam zugebracht, und zu verschiedenen malen an Carolinen geschrieben, und sie an ihr Versprechen, zu mir zu kommen, erinnert; allein sie blieb aus.

Ihr Sohn sollte sich nunmehr eine Lebensart erwählen, welche er wollte. Er bezeigte Lust zu dem Soldatenstande, und der Herr R – – war so wenig dawider, daß er seine Wahl vielmehr billigte. Gesittete und geschickte Leute, sagte er, sind nirgends nöthiger und nützlicher, als wo es viele Ungesittete giebt. Werden sie ein Soldat, und zeigen sie, daß man unerschrocken, tapfer, strenge, und doch auch weise, vorsichtig und liebreich seyn kann. So lange sie die Religion und ein gutes Gewissen haben werden: so lange werden sie den Tod zwar nicht gleichgültig ansehen; aber doch ohne Entsetzen erwarten, und nie aus Zagheit vermeiden. Dieses ist die wahre Tapferkeit. Wir kauften ihm eine Fähndrichsstelle; und er gieng zu seinem Regimente ab, welches nachmals an die Grenze von Holland zu stehen kam.

Nunmehr kömmt eine von den wundersamsten Begebenheiten meines Lebens, welche mir von Leuten, die den Stand lieben, und die Menschen nicht nach ihren Neigungen und Eigenschaften, sondern stets nach der Geburt und nach dem Range unter einander vergleichen, schwerlich wird vergeben werden. Ich war noch in meinen besten Jahren, und die Annehmlichkeiten in meiner Bildung waren noch nicht verlohren gegangen, oder höchstens zum Theile nur so verloschen, wie die kleinen Züge in einem Gemälde, die man nicht sehr vermißt. Es fanden sich verschiedene Holländer von Ansehen und grossem Vermögen, die mich zur Frau begehrten. Allein ihr

Suchen war umsonst. Wer einen so liebenswürdigen und vortrefflichen Gemahl, als ich, gehabt, konnte in der Liebe leicht etwas eigensinnig seyn. Ob nun gleich keiner von meinen Freyern seine Absicht erreichte: so weckten sie doch die Erinnerung von der Süßigkeit der Liebe bey mir wieder auf. Du willst, dachte ich, um dieser Herren los zu werden, dich selbst zu einer Wahl entschließen. Diese Ursache zu einer Ehe ist etwas weit hergeholet. Indessen war es gewiß, daß ich sie bey mir selber vorwand, weil es mein Herz haben wollte. Der Herr R – – kam an einem Nachmittage zu mir auf meine Stube und fragte mich, ob ich mich bald der Ehe zum Besten entschlossen hätte. Rathen sie mir denn, sprach ich, daß ich wieder heyrathen soll? Nicht ehe, versetzte er, als bis ich sehe, daß es ihnen ihr eigen Herz gerathen hat. Sie kennen meine Aufrichtigkeit, und sie wissen, daß ich nichts für ein Glück halte, was man nicht verlangt und freywillig wählt. Unter der großen Anzahl Männer, die sich um ihr Herz bemühen, gefällt mir keiner besser, als der Herr von der H – –; Nicht deswegen, weil er sehr gelehrt ist; sondern weil er außer seinen Wissenschaften und seiner wichtigen Bedienung sehr viele Vortheile hat, die ihm Liebe erwerben, und ihn zur Liebe geschickt machen. Ich habe gewiß Recht, daß er ein liebenswürdiger Mann ist; allein diesem Urtheile dürfen sie darum nicht trauen. Ich betrachte den Mann zwar nach einerley Begriffen mit ihnen, allein nicht nach einerley Empfindungen. Ich liebe ihn als einen Freund, und als ein Freund kann er ihnen angenehm und liebenswerth vorkommen, aber darum noch nicht als ein Ehemann. Unser Herz ist oft so beschaffen, daß es die Liebe gegen eine ihm angenehme Person zurück hält, so bald es auf das genaueste mit ihr verbunden werden soll. Vielleicht, fuhr er fort, gefällt ihnen einer von den andern Herren besser zur Liebe, ob ihnen dieser gleich zu einem guten Freunde genug gefällt.

Ich versicherte ihn, daß ich mich seines Raths bedienen

würde, so bald ich meine eigene Neigung zu Rathe gezogen hätte. Warum, fuhr ich fort, heirathen sie denn nicht? O, sagte er, ich würde es gewiß gethan haben, wenn meine Umstände und die Liebe mir zur Ehe gerathen hätten. Die Liebe und meine Philosophie sind einander gar nicht zuwider. Eine recht zufriedene Ehe bleibt nach allen Aussprüchen der Vernunft die größte Glückseligkeit des gesellschaftlichen Lebens. Zeigen sie mir nur eine Person, die mir anständig ist, und die ihnen die Versicherung giebt, daß sie mich zu besitzen wünscht: so werde ich sie, so bald ich sie kenne, mit der größten Zufriedenheit zu meiner Gattinn wählen. Wir haben alle eine Pflicht, uns das Leben so vergnügt und anmuthig zu machen, als es möglich ist. Und wenn es wahrscheinlich ist, daß es durch die Liebe geschehen kann: so sind wir auch zur Liebe und Ehe verbunden. Allein, versetzte ich, sie haben ja, so lange ich sie kenne, gegen unser Geschlecht sehr gleichgültig zu seyn geschienen; wie kömmt es denn, daß sie der Liebe itzt das Wort reden? Ich bitte, sprach er, vermengen sie die Bescheidenheit nicht mit der Gleichgültigkeit. Ich weis, daß man dem andern mit seiner Liebe oft so beschwerlich fallen kann, als mit seinem Hasse. Und aus diesem Grunde bin ich stets behutsam, aber darum nicht gleichgültig gegen das Frauenzimmer. Ich weis eine Person, hub ich an, die sie liebt, und ich glaube nicht, daß sie ihnen misfallen wird. Allein deswegen weis ich auch noch nicht, ob es eben diejenige ist, mit der sie das genaueste Band der Liebe schliessen wollen. Er ward bestürzt, und fragte mich wohl zehnmal, wer sie wäre. Ich hielt ihn lange auf, und endlich versprach ich ihm, daß er sie Nachmittage zu sehen bekommen sollte. Nachmittage schickte ich ihm mein Portrait, und schrieb ein Billet ungefehr dieses Innhalts an ihn:

So hat die Person in ihrer Jugend ausgesehn, die sie liebt. Erst hat sie nur Freundschaft und Erkenntlichkeit gegen sie empfunden. Die Zeit und ihr Werth hat diese Regungen in Liebe verwandelt. Der liebste Freund meines Gemahls hat das erste Recht auf mein Herz. Sie sind so großmüthig und tugendhaft mit mir umgegangen, daß ich Sie lieben muß. Antworten Sie mir schriftlich. Entschuldigen Sie sich nicht mit ihrem Stande. Sie haben die Verdienste; was geht die Vernünftigen die Ungleichheit des Standes an? Um die Unvernünftigen dürfen wir uns nicht bekümmern, weil hier niemand von meinem Stande weis.

Er kam den Augenblick zu mir. Und eben der Mann, der so wohl bey meines Gemahls Lebzeiten, als nach seinem Tode nie so gethan hatte, als ob er mir eine Liebkosung erweisen wollte, wußte mir itzt seine Zärtlichkeit mit einer so anständigen und einnehmenden Art zu bezeigen, daß ich ihn würde zu lieben angefangen haben, wenn ich ihn noch nicht geliebt hätte. Nunmehr, sagte er, haben sie mir das Recht gegeben, ihnen mein Herz sehen zu lassen. Und nunmehr kann ich ihnen ohne Fehler das gestehen, was mich die Ehrerbietung sonst hat verschweigen heissen. Ich habe an das Glück, das sie mir itzt anbieten, wie der Himmel weis, kaum gedacht. Und wenn ich auch daran gedacht hätte: so würde mich meine wenige Eigenliebe niemals diesen Gedanken haben fortsetzen lassen. Es fehlt zu meiner Zufriedenheit nichts, als daß sie mich überzeugen, daß ich ihrer werth bin: so will ich mich für den glücklichsten Menschen schätzen. Kurz, wir giengen zu unserer Wirthinn, wir sagten ihr unsern Entschluß, und sie war nebst ihrem Manne über diese unvermuthete Nachricht ausnehmend erfreut. Unsere kleinen Capitale hatten sich binnen sechs Jahren in der Handlung fast um noch einmal so viel vermehret, und wir hätten beyde sehr gemächlich davon leben können. Allein unser freundschaftlicher Wirth wollte uns nicht aus seinem Hause lassen. Er behielt unser Geld, und erwies uns, wie zuvor, alle mögliche Gefälligkeiten. Also war Herr R – – mein Gemahl, oder wenn ich nicht mehr standesmäßig reden soll, mein lieber Mann. Ich liebte ihn, wie ich aufrichtig versichern kann, ganz ausnehmend, und so zärtlich, als meinen ersten Gemahl. An Gemüthsgaben war er ihm gleich, wo er ihn nicht noch in gewissen Stücken übertraf. Aber an dem äußerlichen kam er ihm nicht bey. Er war wohl gewachsen; allein er hatte gar nicht das Einnehmende an sich, das gleich auf das erstemal rührt. Nein, man mußte ihn etliche mal gesehen, man mußte ihn gesprochen haben, wenn man ihm recht gewogen seyn wollte. Ich will deswegen nicht behaupten, daß er sich für alle Frauenzimmer geschickt haben würde. Genug, er gefiel mir, und ich fand jeden Tag in seinem Umgange eine neue Ursache, ihn zu lieben. Er war nahe an vierzig Jahre, und er hatte seit der Zeit, daß ich ihn bey meinem Gemahle kennen lernen, sich gar nicht von Person geändert. Seine ordentliche und stille Lebensart erhielten ihn so gesund, als ob er erst zu leben anfieng. Wer war glücklicher, als wir! Unser Glück fiel niemanden in die Augen, und desto ruhiger konnten wir es genießen. Wir lebten ohne zu befehlen, und ohne zu gehorchen. Wir durften niemanden von unsern Handlungen Rechenschaft geben, als uns selbst. Wir hatten mehr, als wir begehrten, und also genug, andern wohl zu thun. Wir hatten eine Gesellschaft, die sich zu unsern Neigungen schickte. Wir lebten an dem volkreichsten Orte in der größten Stille. Dieses war unser Verlangen. Wir konnten uns beyde mit dem edelsten Zeitvertreibe, mit Lesen und Denken unterhalten. Wir studirten, ohne daß uns deswegen jemand bewundern sollte. Wir studirten zu unserer eigenen Ruhe. Und daß ich alles mit einmal sage, wir wußten in unserer Ehe von keinem andern Wechsel, als von Gefälligkeiten und Gegengefälligkeiten. Viele können es nicht vertragen, wenn sie die Liebe verehlichter Personen so zärtlich abgeschildert sehen, als die Liebe zwischen unverehlichten, weil man sieht, daß die meisten Ehen die Liebe eher auslöschen, als vermehren. Doch solche Leute wissen nicht, was Klugheit und Behutsamkeit in der Ehe für Wunder thun können. Sie erhalten die Liebe und befördern ihren Fortgang, wie das Herz durch seine Bewegung den Umlauf des Geblüts. Es ist wahr, eine beständige und sich stets gleiche Zärtlichkeit ist in der Ehe nicht möglich. Doch wenn nur auf beyden Seiten eine gegründete Liebe vorhanden ist: so kann sie bis in die spätesten Jahre feurig und lebhaft bleiben. Unsere Empfindungen können wohl etwas abnehmen, allein diese Abnahme heißt wenig. Derjenige hat allemal genug Vergnügen, so lange er so viel hat, als das Maaß seiner Empfindungen verlangt. Genug, wir sind nach vielen Jahren noch so verliebt in einander gewesen, als wenn wir uns erst zu lieben angefangen hätten. Man denke ja nicht, weil wir die Wissenschaften liebten, daß wir an uns nur unsere Seelen geliebt hätten. Ich habe bey allen meinen Büchern über die metaphysische Geisterliebe nur lachen müssen. Der Körper gehört so gut, als die Seele, zu unserer Natur. Und wer uns beredet, daß er nichts als die Vollkommenheiten des Geistes an einer Person liebt, der redet entweder wider sein Gewissen, oder er weis gar nicht, was er redet. Die sinnliche Liebe, die bloß auf den Körper geht, ist eine Beschäftigung kleiner und unfruchtbarer Seelen. Und die geistige Liebe, die sich nur mit den Eigenschaften der Seele gattet, ist ein Hirngespinste hochmüthiger Schulweisen, die sich schämen, daß ihnen der Himmel einen Körper gegeben hat, den sie doch, wenn es von den Reden zur That käme, um zehen Seelen nicht würden fahren lassen.

Ich komme wieder zu meiner Geschichte. Wir lebten, wie ich gesagt habe, so vergnügt, als man nur leben kann. Wir meldeten Carlsonen, so hieß Carolinens Sohn, der Fähndrich, unsere Heirath, und baten ihn, daß er uns besuchen sollte, wenn es möglich wäre; denn wir hatten ihn nun wohl in vier Jahren nicht gesehen. Er schrieb uns, daß er Lieutenant worden wäre, daß es ihm sehr wohl gienge, und daß er sich vor wenig Wochen mit einem Frauenzimmer, die ihm zu gefallen das Kloster heimlich verlassen, verheyrathet hätte. Von ihrem Stande könnte er uns nichts sagen, weil sie in dem sechsten Jahre in das Kloster gekommen, und darinnen bloß unter dem Namen Mariane bekannt gewesen wäre. Sie möchte indessen von dem niedrigsten Herkommen seyn; so wäre sie doch so liebenswürdig, daß er sich nur einen hohen Stand wünschen wollte, um seine Geliebte darein setzen zu können. Denn Carlson wußte nichts weiter von seiner Geburt, als daß sein Vater ein Aufseher auf den Gütern meines ersten Gemahls gewesen und ihm jung gestorben wäre. Er bat uns unbeschreiblich, daß wir nach dem Haag kommen sollten, von welchem Orte er itzt nur etliche Meilen weit in dem Quartiere stünde. Diese Nachricht erschreckte uns fast mehr, als sie uns erfreuete. Wir vermutheten bey dieser Ehe zwar genug Liebe, aber nicht genug Ueberlegung. Indessen schickten wir ihm etliche hundert Ducaten, daß er seine Umstände desto bequemer einrichten könnte. Wir versprachen auch, ihn so bald zu besuchen, als es die Jahrszeit und meine Umstände erlauben würden; denn ich war mit einer Tochter darnieder gekommen. Wir reiseten den folgenden Frühling nach dem Haag ab. Wir fanden an unserm Carlson und seiner Frau ein Paar Eheleute, die einander werth waren. Mariane war ein ganz außerordentlich schönes Frauenzimmer. Sie war blond, und hatte ein Paar große blaue und schmachtende Augen, die sich zu schämen schienen, daß sie die Verräther von einem sehr zärtlichen Herzen seyn sollten. Und wenn auch die übrigen Theile ihres Gesichts nicht so ausnehmend wohlgestalt und recht abgemessen gewesen wären: so hätte sie doch bloß ihrer Augen wegen den Namen einer Schönheit verdient. Von ihrem Verstande will ich nicht viel sagen. Sie war in dem Kloster erzogen. Ihr unschuldiges und aufrichtiges Herz hätte auch den Mangel des Witzes tausendmal ersetzt, wenn sie gleich weniger Einsicht gehabt hätte, als sie in der That hatte. Es hieng ihr noch etwas Schüchternes aus dem Kloster an; allein selbst diese Schüchternheit schickte sich so wohl zu ihrer Unschuld, daß man sie ungern würde vermißt haben. Ja, ich sage noch mehr, man liebte so gar an ihr die Schüchternheit; so wie oft ein Fehler unter gewissen Umständen zu einer Schönheit werden kann.

Ich suche die Worte vergebens, mit denen ich ihre Zärtlichkeit gegen ihren Mann beschreiben will. Man stelle sich einen sehr einnehmenden, feurigen und blühenden Mann, (denn dieses war Carlson) und dann ein von Natur zärtliches Frauenzimmer vor, die von Jugend auf eine Nonne gewesen war, und bey der die süssen Empfindungen nur desto mächtiger geworden waren, weil sie an der strengen Lebensart und an den Regeln einer hohen Keuschheit einen beständigen Widerstand gefunden hatten: so wird man die innbrünstige und schmachtende Liebe dieser jungen Frau einigermaaßen denken können. Ich war so wohl mit unsers Carlsons Wahl zufrieden, als mein Mann, und wir vergnügten uns an der Zufriedenheit dieses Paars so sehr, daß wir nicht wieder von ihm kommen konnten. Wir ließen Geld aus Amsterdam kommen, und blieben ein ganzes Jahr, und länger bey diesen zärtlichen Eheleuten. Nichts fehlte uns, als Carlsons redliche Mutter. Wir hatten Briefe von ihr, daß es sich mit ihrer Gesundheit gebessert hätte, und daß sie im Stande wäre, bald zu uns zu kommen. Wir schickten auch den Reitknecht, der mir ehemals die Post von meines Gemahls Tode gebracht hatte, fort, daß er sie abholen und zu uns bringen sollte. Er hatte sie bereits unterwegs angetroffen, und sie war bey uns, ehe wir es vermutheten. Sie hatte sich recht verjüngt, und sie ward durch die Freude über ihres Sohnes Glück und mein Vergnügen alle Tage belebter und munterer. Indessen versicherte uns diese rechtschaffene Frau, daß ihr

Vergnügen gar zu groß sey, als daß es lange Bestand haben könnte. Mariane kam mit einer Tochter darnieder. Auch dieses diente uns zu einer neuen Freude. Doch ie mehr wir Ursache hatten, mit Marianen zufrieden zu seyn, desto begieriger wurden wir, etwas gewisses von ihrer Herkunft zu erfahren. Gleichwohl war alle unsere angewandte Mühe vergebens, uns dieses Geheimniß zu entdecken. Mariane hatte ihrem Manne zu Liebe das Kloster heimlich verlassen, und wir mußten bey unserer Nachforschung sehr behutsam gehen, damit wir sie nicht in die Gefahr setzten, entdeckt zu werden. Im Kloster fertigte man diejenigen, die wir insgeheim nachfragen ließen, mit der Antwort ab, daß ihnen Marianens Stand und Geburt unbekannt wäre, daß sie in ihrem sechsten Jahre von einem gemeinen Manne in das Kloster gebracht worden, der ein gewisses Geld zu ihrer Erziehung da gelassen, und nichts gesagt hätte, als daß sie die Tochter eines unglücklichen Holländers wäre, der sie nicht in der reformirten Religion erziehen lassen wollte. Vielleicht könnte er der Aebtissinn mehr vertraut haben, diese aber wäre todt. Kurz, wir erfuhren nichts, und es konnte seyn, daß man in dem Kloster selbst nichts gewisses von Marianens Herkunft wußte. Denn wie viele Kinder werden nicht unter einem fremden Namen in die Klöster gebracht, und durch unbekannte Hände erhalten.

Endlich mußten wir uns doch entschließen, wieder nach Amsterdam zurück zu gehen. Unsere Umstände forderten diese Trennung. Caroline begleitete uns nach dem Haag. Sie erkundigte sich hier, ob sie nicht iemanden antreffen könnte, der ihr von ihrem Bruder, Andreas, Nachricht geben könnte. Allein sie erfuhr nichts weiter, als was wir schon wußten, nämlich, daß er nach seiner Frauen Tode unglücklich in seiner Handlung geworden, und weil er sein Vermögen eingebüßet hätte, mit einem Schiffe nach Ostindien gegangen wäre, sein Glück von neuem zu versuchen. Wir blieben noch etliche Tage in dem Haag, und nahmen unsere Reisegelder in Empfang. Und eben da wir fort wollten, so ließ uns der Kaufmann, der sie uns ausgezahlt hatte, sagen, daß in Amsterdam vor etlichen Tagen ein Ostindienfahrer, und auf diesem Schiffe zugleich Herr Andreas, der Kaufmann, nach dem wir ehedem gefragt hätten, zurück gekommen, und heute bey ihm gewesen wäre. Diese Zeitung war zu wichtig, als daß wir unsere Reise hätten fortsetzen sollen, ohne den Herrn Andreas zu sprechen. Aber wollte der Himmel, daß wir ihn in unserm Leben nicht gesehen hätten! Er kam den andern Tag zu uns. Carolinens erste Frage war, warum er ihr denn vor seiner Abreise nach Ostindien nichts ausführliches von dem Tode ihrer Tochter geschrieben hätte? Ist denn Mariane todt? rief er. Was willst du denn mit der Mariane? versetzte seine Schwester. Meine Tochter hieß ja, wie ich, Caroline. Wo ist sie denn? Ist sie nicht todt? Ach wenn doch dieses Gott wollte! Ja doch, sprach Andreas, ich weis es wohl, sie hieß Caroline; aber aus Liebe zu meiner Frau, und weil ich sie an Kindesstatt angenommen hatte, nennte ich sie nach meiner Frau, Mariane. Ich will dir alles erzählen; aber versprich mir, daß du mir auch alles vergeben willst. Meine liebe Frau starb mir, wie ich dir vor zehn Jahren gemeldet habe. Mariane war ebenfalls tödtlich krank, und ich hielt sie schon für verloren. Allein es besserte sich mit ihr. Indessen nöthigte mich mein Bankerott, mein Glück anderwärts zu versuchen. Ich gieng nach Ostindien. Du weist, daß ich der Catholischen Religion zugethan bin. Ich liebte deine Tochter, oder vielmehr meine an Kindesstatt angenommene Mariane recht väterlich. Um sie nun theils in meiner Religion erziehen zu lassen, theils sie wohl zu versorgen: so nahm ich, was ich noch hatte, und that dieses liebe Kind vor meiner Abreise, und ohne iemanden etwas zu sagen, in ein Kloster an der Grenze der Oesterreichischen Niederlande. Ich war eben im Begriffe dahin zu reisen, und zu sehen, ob Mariane noch lebte, als ich hieher gerufen ward. Ich kann nicht länger warten, ich muß wissen, ob sie noch lebt. Komm mit, sprach er zu Carolinen. Wir wollen den Augenblick in das Kloster fahren. In drey Tagen sind wir wieder hier. Und ohne ein Wort weiter zu sprechen, giengen sie beyde fort. Mein Mann und ich hatten kaum das Herz uns anzusehen, geschweige zu reden. Ein heimlicher Schauer lief mir durch alle Glieder. Gott, was soll das werden! fieng endlich mein Mann an. Mariane, das Kloster – – und nicht weit von der Grenze. Was sind dieses für entsetzliche Nachrichten! Ach der arme, der unglückliche Carlson! Möchte doch diesesmal unsere Muthmaßung falsch seyn! Wäre doch Andreas wieder da, oder wäre er vielmehr nimmermehr wieder nach Europa gekommen! Seine Gegenwart wird uns ganz gewiß das traurigste Geheimniß offenbaren, das uns ewig hätte verborgen bleiben sollen. Wird nicht Caroline, um ihre Tochter wieder zu finden, sie als Frau aus den Armen ihres eigenen Sohns reissen müssen? Mit diesen grausamen Vorstellungen qvälten wir uns, bis Andreas mit seiner Schwester, der Caroline, wieder zurück kam. Ihr Anblick ließ uns zu unserem Unglücke die Sache auf einmal errathen. Caroline zerfloß fast in Thränen. Sie that untröstlich, und ihr Bruder, als ein harter Mann, ließ zwar äußerlich keine Traurigkeit spüren; allein er saß ganz betäubt. Wir konnten aus beyden lange Zeit kein Wort bringen. Sie hatten mit einem Worte in dem Kloster erfahren, daß eine Nonne, mit Namen Mariane, welche um das und das Jahr, (Tag und Jahr traf beydes ein,) in das Kloster gebracht wäre, vor anderthalb Jahren dasselbe heimlich verlassen, und, so viel man wüßte, sich mit einem jungen von Adel verheyrathet hätte. Was war zu thun? Wir mußten, an Statt nach Amsterdam zu reisen, wieder zurück nach Carlsons Qvartier. Wir sahen alle viere nur mehr als zu gewiß, daß diese Nonne niemand anders, als Carlsons Frau seyn würde. Doch man müßte das menschliche Herz nicht kennen, wenn man glaubte, daß wir zu unserm Troste keine Ausflüchte gewußt hätten. Eine Nachricht, von der uns die Gewißheit erschreckt, und das Gegentheil erfreut, mag noch so wahrscheinlich seyn, als sie will, so sind wir doch sinnreich genug, sie zweifelhaft zu machen. Sollte ich, sagte Caroline, denn mein Kind, mein leiblich Kind nicht kennen? Sollte es denn keine Aehnlichkeit mit mir haben? Gleichwohl hatte sie es verlassen, da es kaum einige Monate alt gewesen war. Ein junger von Adel, fieng mein Mann oft unterwegs an, ein junger von Adel? Wenn hat sich denn Carlson dafür ausgegeben? Er ist viel zu bescheiden, als daß er sich einen Stand andichten sollte, in dem er nicht erzogen worden ist. Nein, nein, sprach ich, das wolle Gott nicht! Hätte er sich auch für einen Edelmann ausgegeben, warum hätte er nicht gesagt, daß er ein Officier wäre? Vielleicht ist in eben dem Jahre noch ein Kind in das Kloster gekommen, das ebenfalls den Namen Mariane gehabt hat. Andreas, der der Philosophie wegen nicht nach Ostindien gereiset war, meynte, es läge schon in der Natur, daß ein Paar so nahe Blutsfreunde einander nicht als Mann und Frau lieben könnten. Ich glaube, daß wir uns alle Augenblicke auf dieser Reise widersprachen, ohne es zu merken. Voll Zittern und Hoffnung kamen wir also bey unserm Carlson wieder an. Wir hatten uns vorgenommen, recht behutsam zu gehn, und die Ursache unserer Zurückkunft weder ihm noch ihr merken zu lassen. Wir wollten sagen, daß wir aus Vergnügen über die Ankunft des Herrn Andreas wieder mit umgekehrt wären. Wenn auch, sprachen wir alle, Mariane die rechte Mariane seyn sollte: so würden diese zärtlichen Eheleute doch beyde in Verzweifelung gerathen, wenn wir ihnen dieses traurige Geheimniß auf einmal entdeckten. Nein, fieng ich an, wir bringen Marianen auf diese Art um das Leben. Ist sie die wahre Caroline: so will ich sie bitten, daß sie mir zu Liebe auf einige Zeit mit nach Amsterdam reisen soll. Ihr Mann wird ihr dieß Vergnügen nicht abschlagen. Ist sie einmal in

Amsterdam: so wird es Zeit seyn, ihr das Geheimniß nicht so wohl zu entdecken, als es sie nach und nach entdecken zu lassen. Weis es Mariane: so soll es Carlson auch erfahren. Er muß sie in seinem Leben nicht wieder zu sehn bekommen. Dieses wird der einzige Trost seyn, mit dem wir ihm in seinem mitleidenswürdigen Irrthume beystehen können. Er kennt die Religion, und hört die Vernunft. Die Tochter aus dieser unglücklichen Ehe will ich erziehen lassen, damit Mariane den traurigen Beweis einer so zärtlichen und nunmehr unerlaubten Liebe nicht vor Augen hat. In dieser Berathschlagung langten wir bey Carlson an. Er trat in die Thüre, indem wir ankamen, und lief uns mit Verwunderung entgegen. Wir heiterten unsere Gesichter so gut auf, als es möglich war, und sagten ihm, daß Herr Andreas, Carolinens Bruder, den wir in dem Haag von seiner Wiederkunft aus Indien angetroffen hätten, die Ursache unserer Zurückkunft wäre. Wer war froher, als er! Wir traten in die Stube zu seiner Mariane. Kaum hatte Andreas Marianen erblickt: so fiel er ihr um den Hals, und schrie mit einem entsetzlichen Tone: Ach das Gott erbarme, sie ist es, sie ist es! Ich unglücklicher Mann, ich bin an allem Schuld! Dieses war die Erfüllung von dem Vorsatze, bey der Sache behutsam zu gehen. Caroline lief als verzweifelnd zur Thüre hinaus. Mariane wollte sich von dem Andreas los machen; allein er ließ sie nicht aus seinen Armen. Ich hatte nicht so viel Gewalt über mich, daß ich hingehen, und ihn von ihr los reissen konnte. Carlson blieb auf einer Stelle stehen, und fragte hundertmal, was es wäre. Mein Mann wollte es ihm sagen, und kehrte doch bey iedem Worte wieder ein. Mariane kam endlich auf mich zu. Ich sollte ihr entdecken, was es wäre. Ich fieng an zu reden, ohne zu wissen was. Ich bat sie um Vergebung. Ich versicherte sie meiner ewigen Freundschaft. Ich umarmte sie. Dieses war es alles. Indessen kam ihr Mann, und wollte sie aus meinen Armen nehmen. Nein, nein, schrie ich, Mariane ist nicht ihre Frau, Mariane ist ihre Schwester. In diesem Augenblicke sank Mariane nieder, und ich erwachte darüber, als wie aus einem unruhigen Schlafe. Ich und mein Mann waren am ersten wieder bey uns selbst. Wir brachten Marianen auf ein Bette, und sie erholte sich aus einer Ohnmacht, um in die andre zu fallen. Ihre Leibesbeschaffenheit trug zu dieser Schwachheit vermuthlich viel bey. Sie war schwanger. Wir brachten sie den ganzen Tag nicht wieder zu sich selbst.

Mein Mann war indessen nach Carolinen gegangen, die wir, seit dem sie aus der Stube gelaufen war, nicht wieder gesehn hatten. Wenn ich einen Roman schriebe, so hätte sie Zeit genug gehabt, sich indessen mit einem Dolche, oder mit Gifte, um das Leben zu bringen. Allein die Verzweiflung in den Romanen, und die Verzweiflung im gemeinen Leben, haben nicht allemal einerley Wirkung. Mein Mann hatte sie in dem Gartenhause auf den Knien angetroffen. Ich will gleich auf den andern Tag kommen. Das Gewaltsame unsers Affects hatte sich gelegt, und sich an Statt dessen das Bange der Traurigkeit eingestellt. Thränen und Seufzer, welche die Bestürzung gestern zurück gehalten, hatten nun ihre Freyheit, und wir suchten unsern Trost in Klagen und im Mitleiden. Carlson kam vor das Bette seiner Mariane, und mit ihm Wehmuth, Furcht, Schaam, Reue und gekränkte Zärtlichkeit. Es war erbärmlich anzusehen, wie sich diese beyden Leute gegen einander bezeigten. Die Religion hieß sie die Liebe der Ehe in Schwester- und Bruderliebe verwandeln, und ihr Herz verlangte das Gegentheil. Sie hatten einander unbeschreiblich geliebt. Sie waren noch in dem Frühlinge ihrer Ehe, und sie sollten dieses Band itzt ohne Anstand zerreissen. Sie hatten einander in ihrem Leben nicht gesehen, und also kam ihnen die Vertraulichkeit nicht zu Hülfe, die sonst die Liebe unter Blutsverwandten auszulöschen pflegt. Ihre Natur selbst that den Ausspruch zu ihrem Besten. Wie konnten sie etwas in sich fühlen, das ihre Liebe verdammte, da sie den Zug der Blutsfreundschaft nie gefühlt hatten. Ach, mein Bruder, rief Mariane einmal über das andere aus, verlaßt mich, verlaßt mich! Unglückseliger Gemahl fangt mich an zu hassen. Ich bin eure Schwester. Doch nein! Mein Herz sagt mir nichts davon. Ich bin euer, Ich bin euer. Uns verbindet die Ehe. Gott wird uns nicht trennen. Ihr Gemahl war nicht besser gesinnt. Er hörte die Stimme der Leidenschaften, um den Befehl der Religion nicht zu hören. Er hütete sich genau, sie nicht seine Schwester zu nennen. Er hieß sie seine Mariane. Er war beredt und unerschöpflich in Klagen, die bis in das Herz drungen, weil sie das Herz hervorbrachte. Er fieng zuweilen mitten in seinen Klagen an zu philosophiren, und wie man leicht glauben kann, sehr eigennützig. Er erwies, daß ihre Ehe vor Gott erlaubt wäre, wenn sie auch die Welt verdammte. Und er that doch nichts, als daß er zehnmal nach einander sagte, daß sie öffentlich verbunden wären, und daß nichts als der Tod dieses Bündniß trennen sollte. Er wünschte unzähligemal, in der Sprache des Affects, daß Andreas gestorben seyn möchte, ehe er den Athem zur Entdeckung dieses Geheimnißes hätte schöpfen können. Dieser saß da, als ob er sein Todesurtheil anhören sollte. Ich glaube, daß er gern mit etlichen Jahren von seinem Leben das zerstörte Vergnügen dieser Zärtlichen wieder erkauft hätte. Caroline trat endlich zu Marianen an das Bette, und hieß Carlsonen weggehen. Meine Tochter, fieng sie an, ich habe dich wieder gefunden, um dich aus den Armen deines Bruders zu reissen. Wollte Gott, daß ich dieser betrübten Pflicht zeitlebens hätte überhoben seyn können! Vielleicht ist es die Strafe, daß ich – – – doch Gott hat es verhänget. Ihr seyd beyde keines Verbrechens schuldig. Eure Unwissenheit rechtfertiget eure Liebe, und die Gewißheit verbeut sie nunmehr. Ich bin eure Mutter, und ich liebe euch, als meine Kinder; aber ich verabscheue euch, wenn ihr das Band der Ehe dem Bande des Blutes vorzieht. Die Anrede war sehr fromm; allein sie war zu heftig, und zu früh angebracht. Sie weckte die Verzweiflung in beyden von neuem auf. Mein Mann erwählte einen gelindern Weg, die zärtlichen Gemüther zu besänftigen. Er bediente sich eines Scheingrundes, der in der Stunde des Affects eben so viel Kraft zu haben pflegt, als die Wahrheit. Er sagte, es wäre eine Gewissenssache, die wir nicht entscheiden könnten. Wir wollen den Ausspruch verständigen Gottesgelehrten überlassen. Er glaubte, daß die Ehe vielleicht noch Statt finden könnte. Dieses war eine Arzney, welche die Wehmuth der beyden Leute verminderte, und zugleich ihrer Liebe Widerstand that. Sie entschlossen sich, sich dem Ausspruche der Geistlichen zu unterwerfen; aber gewiß nicht aus Ueberzeugung, sondern aus Verlangen, desto ruhiger ihre Liebe fortsetzen zu können. Wir machten uns indessen ihre Bereitwilligkeit zu Nutze, und ermunterten Marianen, uns, so bald es ihre Umstände zuließen, nach Amsterdam zu folgen; vielleicht wäre es möglich, daß man von Rom Dispensation erlangen könnte. Ihr Mann sollte sich Urlaub auf ein halb Jahr ausbitten, und wenn er ihn erhielte, uns nachkommen. Alles dieses ließen sich die beyden Leute gefallen. Es strichen einige Tage dahin, und Mariane war in den Umständen, die Reise mit anzutreten. Indem wir uns dazu anschickten, so erhielt Carlson Ordre, sich unverzüglich, und bey Verlust seiner Stelle, zu dem Regimente zu verfügen, weil es marschiren sollte. Diese Nachricht that eine ungleiche Wirkung. Carlson war darüber erfreut, und Mariane ward von neuem niedergeschlagen. Kaum sah sie seine Zufriedenheit über diese Post: so machte sie ihm die grausamsten Vorwürfe. Sie hieß ihn einen Ungetreuen, der ihrer los zu seyn wünschte. Sollte man wohl glauben, daß eine Frau, die da wußte, daß ihr Mann ihr Bruder war, noch auf einen solchen Verdacht fallen könnte? Allein was ist in der Liebe und in dem Traume wohl unmöglich? Wir sahen also leider nur mehr, als zu deutlich, wie heftig Mariane ihren Mann noch liebte, und wie sie in ihrem Herzen nichts weniger beschlossen hatte, als ihn fahren zu lassen. Carlson versicherte sie mit den größten Betheurungen, daß er sie noch unendlich liebte, und daß er über die Nachricht zum Marsche nur deswegen vergnügt wäre, weil er ihn als eine Gelegenheit ansähe, die der Himmel bestimmt hätte, der Sache den Ausschlag zu geben. Vielleicht, sprach er, verliere ich mein Leben, wenn es zu einem Feldzuge kömmt. Und wer ist alsdann glücklicher, als wir? Soll ich den Tod nicht geringer schätzen, als die Qvaal, euch zu sehen, und euch zu lieben? Und wollt ihr nicht lieber mit Gewalt von mir getrennt seyn, als die Pein ausstehen, mich freywillig zu verlassen, und doch diese Freyheit niemals von eurer Liebe zu erhalten? Seyd getrost, liebste Mariane! Komme ich wieder zurück: so ist es ein Zeichen, daß der Himmel unsre Ehe billiget. Verliere ich mein Leben: so ist es ein Beweis, daß ihr einen Mann verloren habt, der nur euer Bruder, und nicht euer Ehemann seyn sollte. Welche glückselige Dienste leistet nicht der Irrthum in gewissen Umständen! Und wie gut ist es nicht oft, daß wir das Vergnügen haben, uns selbst zu betrügen! Genug Carlsons Irrthum war in Ansehung des Erfolgs vortrefflich. Er beruhigte ihn, und endlich auch Marianen. Sie ließen die Sache auf den Himmel ankommen. Und sie versprachen sich von diesem Richter nichts als Gerechtigkeit, das ist, nichts, als was sie wünschten. Sie flehten Gott um Beystand an, nicht anders, als ob ihnen die Menschen unrecht thäten. Kurz, sie waren voll Zuversicht und Vertrauen, die alle Wahrheit nicht würde zuwege gebracht haben. Carlson reisete fort, als ob er in dem Treffen seine Mariane gewinnen sollte, und Mariane that so gesetzt, als ob sie ihn von sich ließe, um ihn auf ewig wieder zu bekommen. So bald er fort war, so folgte sie uns ganz getrost nebst ihrer Tochter und ihrer Mutter nach Amsterdam. Andreas, der sich in Ostindien wieder ein kleines Vermögen erworben hatte, blieb in dem Haag, um von neuem seinen

Handel anzufangen, wozu ihm Caroline einen Theil von ihren Geldern gab, die sie aus Deutschland mitgebracht hatte. Wir trafen unsern gütigen Wirth in Amsterdam noch in seinen vorigen Umständen an. Wir gaben Marianen für Carlsons Frau aus, und Caroline war seine Mutter.

In wenig Monaten erhielten wir die Nachricht, daß Carlson zwar nicht gegen den Feind, sondern an einer hitzigen Feldkrankheit geblieben wäre. Caroline, ich und mein Mann bedaureten ihn sehr; aber wenn wir an seine Ehe dachten, so war uns sein Tod eine erwünschte Nachricht. Denn wer konnte die gefährliche Sache besser schlichten, als der Tod? Die Aussprüche der Geistlichen würden ganz gewiß wider diese Ehe gewesen seyn. Und Mariane und ihr Mann hätten entweder einander nicht verlassen, oder ohne einander das unglückseligste Leben geführet. Gleichwohl war uns für Marianen noch sehr bange. Sie hatte sich zwar dem Endurtheile des Himmels ergeben; aber, wie ich schon erinnert, in keiner andern Hoffnung, als daß es vortheilhaft für sie ausfallen würde. Wir sahen, daß Marianens Verzweiflung von neuem wieder aufwachen würde. Dennoch mußte sie es erfahren. Wir ließen sie auf unser Zimmer rufen, und mein Mann nahm es über sich, ihr ihres Mannes Tod zu entdecken. Nicht wahr, Mariane, fieng er an, sie errathen schon, was ich ihnen hinterbringen will? Erschrecken sie nur, denn sie müssen doch erschrecken. Hier ist ein Brief aus dem Lager. Sagen sie mir nichts mehr, versetzte Mariane. Ich kann den Innhalt des Briefs schon wissen. Mein Gemahl ist todt. Ich unglückselige Frau! Doch ich bin zufrieden, daß mir ihn nicht die Welt, sondern der Himmel entzogen hat. Nun sehe ich, daß es Gott nicht hat haben wollen. Wie ist er denn gestorben? Ist er im Treffen geblieben?

Wir erstaunten über diese unvermuthete Gelassenheit, die einer Gleichgültigkeit nicht unähnlich sah. Wir hatten uns auf die besten Trostgründe vergebens gefaßt gemacht. Gleichwohl wußten wir auch nicht, ob wir Marianen trauen durften. Indessen that sie gelassen, und betraurete ihren Mann mehr durch stille Thränen, als durch eine tobende Wehmuth und Ungeduld. In etlichen Wochen erhielten wir wieder einen Brief, und die Aufschrift war Carlsons Hand. Soll ichs aufrichtig gestehen, so erschrack ich weit mehr, daß er noch lebte, als ich zuerst über seinen Tod erschrocken war. Gott, dachte ich, was wird dieses wieder werden? Carlson wird seiner Krankheit wegen das Lager verlassen, und wohl gar abgedankt haben. Die Liebe wird ihn wieder zu Marianen rufen. Mariane nur war vor Freuden ganz außer sich. Der Brief war an sie, und sie brach ihn nicht etwan gleich auf. O nein, so viel Zeit ließ ihr ihre vergnügte Unruhe nicht. Sie gab ihn uns auch nicht zu erbrechen. Sie behielt ihn in den Händen, als einen unbekannten Schatz, den man nicht eröffnen will, bis man sich zehnmal vorgestellet hat, wie viel darinnen seyn könnte. Da sie ihn endlich erbrach, so war der Brief schon viele Wochen älter, als derjenige, der uns Carlsons Tod berichtet hatte. Kurz, es war ein Abschiedsbrief an Marianen. Ich will die Abschrift hersetzen.

Liebste Mariane,
Dieses sind seit vier Wochen die ersten Stunden, da ich mich besinnen und euch meine Krankheit melden kann. Wie glückselig bin ich, daß ich krank gewesen, und dem Tode so nahe gekommen bin, ohne beydes zu wissen! Wie viel würde ich eurentwegen binnen der Zeit ausgestanden haben, wenn ich meiner mächtig gewesen wäre! Gott sey für diese Art des Todes gedankt! Ich bin völlig ausgezehrt, völlig entkräftet. Und ich sehe die Stunden, da ich mir wieder bewußt bin, für nichts als Augenblicke an, die mir Gott gönnt, mich noch einmal in der Welt, und in meiner eignen Seele umzusehen, und an das Zukünftige zum letztenmale zu denken. So lebt denn wohl, Mariane, lebt ewig wohl! Beweint mich nicht als euren Mann,

sondern als euren Bruder. Trauriger Name! Verschweigt unserer Tochter unser Schicksal, wenn sie leben bleibt. Verbergt es, wenn es möglich ist, vor euch selbst. Mein Gewissen macht mir keinen Vorwurf, daß ich euch geliebt habe; allein es beunruhiget mich, daß ich euch, nach der traurigen Entdeckung, als meine Frau zu lieben nicht habe aufhören wollen. Gott, wie viel anders denken wir auf dem Todbette, als in unserm Leben! Was sieht nicht unsere Vernunft, wie viel sieht sie nicht, wenn unsere Leidenschaften stille und entkräftet sind! Ja, ja, ich sterbe, ich sterbe getrost. Doch Gott! ich soll euch nicht wiedersehn? Ich soll euch verlassen, liebste Mariane? Ich soll sterben? Welche entsetzliche Empfindungen fangen itzt in mir an zu entstehen! Ach ich kann nicht mehr schreiben! – – – So weit war ich vor einer halben Stunde gekommen. Ich bin wieder beruhiget. Die Liebe zum Leben hat sich zum letztenmale geregt. Lebt wohl, meine Mariane! Grüßt meine Mutter, und meine beyden großmüthigen Freunde. Mein liebster Freund, Dormund, den ihr so vielmal bey mir gesehen habt, ist itzt bey mir. Er will mich nicht eher verlassen, als bis ich todt bin. Könnt ihr euch entschließen, wieder zu lieben: so vergeßt nicht, daß euer sterbender Mann euch niemanden gegönnet hat, als ihm. Er wird euch meine Uhr mit eurem Portrait überbringen. Die andern Sachen habe ich meinen armen Soldaten geschenkt. Ich fühle meinen Tod. Lebt wohl!

So bald sie gesehen hatte, daß es ein Abschiedsbrief war, und daß sie sich in der bey dem Titel gefaßten Hoffnung betrogen, so gieng das Wehklagen erst recht an. Ich will ihre Trostlosigkeit und etliche schlimme Folgen, die für sie und uns daraus entstunden, nicht erzählen. Es sind Umstände, an denen wir Theil nahmen, weil wir gleichsam darein geflochten waren. Sie waren in Ansehung unserer Empfindung wichtig; Allein, ich würde übel schließen, wenn ich glauben wollte, daß sie deswegen dem Leser merkwürdig vorkommen, und ihn rühren würden. Ich will daher vieles übergehen.

Wir lebten wieder ruhig. Es schien, als ob uns der Himmel mit Gewalt reich machen wollte. Unsere Capitale brachten mehr ein, als wir verlangten, und weit mehr, als wir brauchten. Und ich dachte nicht einmal daran, meine bey der Krone stehende Gelder zu fordern. Ich war vielmehr ruhig, wenn ich nicht an dieses Land denken durfte. Ueberdieses war es auch durch den Krieg ganz erschöpft und entblößt. Genug, ich lebte unbekannt und zufrieden. Ich war die Frau eines angenehmen und klugen Mannes. Und ich hätte so wenig mit der vornehmsten Reichsgräfinn getauscht, als sie mit mir getauscht haben würde. Das Unglück, das uns zeither betroffen, hatte unsere Gemüther gleichsam aufgelöset, die Ruhe nunmehr desto stärker zu schmecken. Man dürfte fast sagen, wer lauter Glück hätte, der hätte gar keines. Es ist wohl wahr, daß das Unglück an und für sich nichts angenehmes ist. Allein es ist es doch in der Folge und in dem Zusammenhange. Wenigstens gleichet es den Arzeneyen, die unserm Körper einen Schmerz verursachen, damit er desto gesünder wird.

Mitten in unserer Zufriedenheit, die nunmehr über ein Jahr gedauert hatte, kam Herr Dormund, Carlsons guter Freund, und überbrachte Marianen die in dem Briefe erwähnte goldene Uhr mit ihrem Portrait. Mariane hatte ihn oft bey ihrem Manne, wir ihn aber noch gar nicht gesehen. Doch was brauchte er zu seiner Empfehlung mehr, als den Namen eines guten Freundes von unserm Carlson? Er war ein Holländer von Geburt, und von Person sehr angenehm. Er gewann unsere Vertraulichkeit sehr bald. Er war ein Stabsofficier, hatte nunmehr abgedankt, und wollte von seinen Renten für sich leben. Er war noch jung. Er hatte nicht studirt; allein er hatte doch etlichen Büchern und dem Umgange einen gewissen Witz zu danken, der im Anfange sehr einnahm. Er konnte etliche Sprachen, und auch gut deutsch. Er ließ sich in Amsterdam nieder, und wir konnten seine Absicht leicht merken. Mariane war sein Wunsch, und Mariane verdiente in der That, daß man ihrentwegen Feld und Hof verließ. Sie war noch vollkommen schön. Das Unglück hatte ihr von ihren äußerlichen Reizungen nichts entzogen, und zu der Schönheit ihres Gemüths noch vieles hinzugesetzt. Sie war durch den Umgang nur noch liebenswürdiger geworden. Sie war erst achtzehn oder neunzehn Jahre alt, und noch in ihrem völligen Frühlinge. Dormund wußte sich bald bey ihr gefällig zu machen. Vielleicht liebte sie in dem Freunde ihres verstorbenen Mannes noch ihren Mann. Genug, er gewann ihr Herz. Sie kam einmal zu mir, und fieng mit einer vielbedeutenden Stimme an: Madam, es wäre doch wohl billig gewesen, daß wir Herr Dormunden die Uhr, die er mir von meinem Manne überbracht, zu einem Andenken gelassen hätten. Ich würde es gewiß gethan haben, wenn mein Portrait nicht darinn gewesen wäre; allein so schickt sichs wohl nicht. Ich verstund diese Sprache sehr gut. Mariane, sagte ich, was machen sie sich für ein Bedenken, dem ihr Portrait zu geben, dem sie unstreitig ihr Herz schon überlassen haben. Ich merke, sie wollen Herr Dormunden gern eine Gefälligkeit erweisen, die das Ansehen einer Erkenntlichkeit haben sollte, ob sie gleich die Liebe zum Grunde hat. Ich will ihnen bald aus der Sache helfen. Geben sie mir die Uhr. Es wird sich schon eine Gelegenheit zeigen, die nicht studirt läßt, bey der ich sie ihm anbieten kann. Auf die Uebergabe der Uhr folgte bald die Uebergabe des Herzens. Mariane ward Dormunden zu Theil, und sie schienen beyde einander zum Vergnügen gebohren zu seyn. Und wenn ja Mariane ihren Mann zuweilen beunruhigte, so geschah es doch aus einem Grunde, den ein Ehemann schwerlich übel nehmen kann. Ihr Fehler war die Eifersucht, der erbliche Fehler unsers Geschlechts. Ich besinne mich, daß Mariane einmal mit Thränen auf meine Stube kam. Sie konnte vor Wehmuth nicht reden, und ich befürchtete, das größte Unglück von ihr zu hören. Allein was kam endlich heraus? Sie seufzete über die Gleichgültigkeit ihres Ehemannes, und hätte lieber von seiner Untreue gesprochen. Ich fragte nach der Ursache. Da erfuhr ich folgende Kleinigkeit. Ihr Mann hätte kurz vorher Briefe geschrieben; Sie wäre zu ihm an den Tisch getreten; Sie hätte ihn einigemal recht zärtlich geküsset, er aber hätte ihr weder mit einem Gegenkusse, noch mit einem Blicke geantwortet, sondern immer fortgeschrieben, nicht anders, als wenn er sie nicht sehen wollte. Ach Gott! fuhr sie fort, wer weis, an wen der Untreue schreibt? Konnten sie denn nichts in dem Briefe lesen? fieng ich an. Nein, nichts, nichts, als daß der Anfang hieß: Mein Herr. Wer sollte wohl glauben, daß eine vernünftige Frau keine stärkere Ursache zur Eifersucht nöthig hätte, als so eine? Doch, warum kann ich noch fragen? Wie oft thut nicht die Liebe einen Schritt über die Grenzen der Vernunft! Und wenn dieser Schritt gethan ist, so hilft es nichts, daß wir eine gute Vernunft haben. Ueberhaupt entstehen wohl die meisten Uneinigkeiten, die in der Ehe vorkommen, aus Kleinigkeiten. Sie heissen im Anfange nichts; allein sie nehmen im Fortgange unsere Einbildung und andere Dinge zu Hülfe, und werden alsdann wichtige Ursachen zur Gleichgültigkeit, oder zur Eifersucht.

Marianens Ehe hatte nunmehr etwan drey Vierteljahre gedauert, als ihr Mann gefährlich krank ward. Er stund zween Monate große Schmerzen aus, und man merkte sehr deutlich, daß ihn eine Gemüthsunruhe eben so stark quälte, als die Krankheit. Er bat seine Frau oft um Gottes willen, daß sie ihn verlassen sollte. Er konnte auch Carolinen nicht leiden, vielweniger Marianens Kind, das sie mit Carlsonen erzeugt hatte. Ich und mein Mann sollten ohne Aufhören bey ihm bleiben, und ihm Trost zusprechen. Er wollte getröstet seyn, und wir wußten doch nicht, was ihn beunruhigte, vielweniger hatten wir das Herz ihn zu fragen. Sein Ende schien immer näher herbey zu kommen, und die Aerzte selbst kündigten es ihm an. Es war um Mitternacht, da er uns beyde plötzlich zu sich rufen ließ. Er rang halb mit dem Tode. Alles mußte aus der Stube. Darauf fieng er mit gebrochenen und erpreßten Worten an, sich und die Liebe auf das abscheulichste zu verfluchen. Gott, wie war uns dabey zu Muthe! Er nannte sich den größten Missethäter, den die Welt gesehen hätte. Ich bin, schrie er, Carlsons Mörder. Ich habe ihm mit eigener Hand Gift beygebracht, um Marianen zu bekommen. Ich Unsinniger! Welche Gerechtigkeit, welch Urtheil wartet auf mich! Ich bin verloren. Ich sehe ihn, ich sehe ihn! Bringt mich um, rief er wieder. Mein Mann redete ihm zu, er sollte sich besinnen, er würde in einer starken Phantasie gelegen haben. Nein, nein, rief er, es ist mehr als zu gewiß. Mein Gewissen hat mich lange genug gemartert. Ich bin der Mörder meines besten Freundes; Ich Barbar! Ich Bösewicht! Carlson besserte sich nach dem Abschiedsbriefe an Marianen wieder, und weil ich mir schon Hoffnung auf seinen Tod und auf Marianen gemacht hatte, so brachte ich ihm Gift bey. Mein Mann nahm alle seine Vernunft und Religion zu Hülfe, und suchte diesem Unglückseligen damit beyzustehen. Seine Verzweiflung wollte sich nicht stillen lassen. Er verlangte Marianen noch einmal zu sehen, und ihr seine Bosheit selbst zu entdecken. Wir baten ihn um Gottes willen, daß er Marianen diese That nicht offenbaren sollte; Er würde seinem Gewissen dadurch nichts helfen, und durch sein Bekenntniß nur noch einen Mord begehen. Mariane kam, ehe sie gerufen ward. Dormund redete sie an; allein sie hörte und sah vor Wehmuth nicht. Er nahm sie bey der Hand, und wollte das entsetzliche Bekenntniß wiederholen. Ich hielt ihm den Mund zu. Wir fiengen an zu beten und zu singen. Doch er schrie nur desto mehr. Mariane mußte es erfahren, was er gethan hatte. Er wiederholte seinen Mord umständlich. Er berufte sich auf den Regimentsfeldscheerer und auf den Feldmedicum, die Carlsonen, weil er es befohlen, nach seinem Tode geöffnet, und das Gift gefunden, und geglaubt hatten, daß er sich selbst damit vergeben. Mariane gerieth in eine ordentliche Raserey. Sie stieß die grausamsten Namen wider ihn aus. Wir mußten sie endlich mit Gewalt bey Seite bringen. Er schlief zwey Tage und Nächte nach einander, ohne sich zu ermuntern. Wir glaubten auch gewiß, daß er nicht wieder aufwachen würde; allein er erholte sich. Wir kamen zu ihm. Wir mußten ihn als einen Mörder hassen; doch die allgemeine Menschenliebe verband uns auch zum Mitleiden. Er war ruhiger, als zuvor, und bat uns mit tausend Thränen um Vergebung. Er versicherte uns, wenn er leben bliebe, daß er uns nicht zum Entsetzen vor den Augen herum gehen, sondern sich den entlegensten Ort zu seinem Aufenthalte, und zur Reue über seine Schandthat aussuchen wollte. Er bat, daß wir ihm Marianen nicht möchten wieder sehen lassen. Diese war auch schon in unsrer Wohnung; denn Dormund hatte ein Haus allein bezogen. Wir hatten nun genug an Marianen zu trösten, und konnten Dormunden in zween Tagen nicht besuchen. Doch hörten wir, daß es sich besserte. Mein Mann gieng den dritten Tag zu ihm. Allein Dormund war fort, und hatte folgenden Brief an ihn zurück gelassen:

Ich gehe, so weit als mich die Rache des Himmels kommen läßt. Mariane soll mich nicht wieder sehen. O Gott, wozu kann einen nicht die Liebe verleiten! Der Schatten meines ermordeten Freundes wird mich auf allen Schritten verfolgen: Doch ich will lieber alles ausstehen, als diesen Mord durch einen Selbstmord häufen. Verfluchen sie mein Gedächtniß in ihrem Herzen. Ich bin es werth; doch entdecken sie meine Schande der Welt nicht. Ich bin bestraft genug, daß ich Marianen und ihre großmüthigen Freunde verlassen muß. Ich will wieder in den Krieg gehen. Vielleicht verliere ich bald ein Leben, das mir eine

Marter ist. Mein zurück gelassenes Vermögen soll Marianen. Wollte ihnen doch Gott die Freundschaft vergelten, die Sie mir in meiner Krankheit erwiesen haben. Doch Sie haben sie ja einem Unmenschen erwiesen. Ich bin nicht werth, daß Sie mich bedauren. Ach die unglückselige Mariane!

Dormund war fort. Wir haben auch in unserm Leben nichts weiter von ihm gehört. Ich wünsche, daß er sich nicht aus Verzweiflung selbst umgebracht haben mag. Unsere Mariane war in eine ordentliche Schwermuth gerathen. Sie weinte Tag und Nacht, und wir mußten ihr auf einmal zwo Adern schlagen lassen. Sie schlief in meiner Stube, und versicherte mich, daß ihr viel besser zu Muthe wäre, und daß sie diese Nacht wohl zu schlafen hoffte. Der Morgen wies diese Prophezeyung aus. Ich warf kaum die Augen auf ihr Bette, so sah ich ganze Ströme Blut davon herunter laufen. Was konnte ich anders vermuthen, als daß ihr die Adern im Schlafe aufgegangen seyn würden? Mariane lag in einem fühllosen Schlummer, oder vielmehr in einer Ohnmacht. Ich schrie nach Hülfe, und wir banden ihr die Adern zu. Das entsetzlichste war, daß die Binden nicht abgefallen, sondern mit Fleiß aufgemacht zu seyn schienen. Mariane kam gegen Abend etwas wieder zu sich. Sie gestund, daß sie die Binden aus Lust zum Tode selbst aufgemacht hätte, und wünschte nichts mehr, als daß ihr Ende bald da seyn möchte. Sie küßte mich und sank, ohne ein Wort weiter zu reden, in einen Schlummer, und in etlichen Stunden darauf war sie todt.

Mir gieng es, wie denen Leuten, die in einer Gefahr heftig verwundet werden, und es doch nicht eher fühlen, bis sie aus der Gefahr sind. So bald Mariane todt war, so gieng erst meine Marter an. Ich hätte mir lieber die Schuld von ihrem Tode beygemessen, weil ich dieselbe Nacht nicht genauer auf sie Achtung gegeben hatte. Allein welche menschliche Klugheit kann alles voraus sehen! Ich hatte Marianen in der That zur Heyrath mit Dormunden gerathen. Ich sah, daß dieser Mann Schuld an ihrem Selbstmorde war. Ich dachte an Marianens Schicksal in der andern Welt. Und ich würde noch tausendmal mehr ausgestanden haben, wenn mir die Liebe zu Marianen verstattet hätte, sie für unglücklich zu halten. Ihre Mutter war noch weit gelassener, als ich. Ich weis nicht, wem sie ihren Beystand zu danken hatte; vermuthlich der Religion. Sie sah alles für ein Verhängniß an, dessen Ursachen sie nicht ergründen könnte. Sie tröstete sich mit der Weisheit und Güte des Schöpfers, und verherrlichte ihr Unglück durch Standhaftigkeit. Es ist gewiß, daß der Beystand der Religion in Unglücksfällen eine unglaubliche Kraft hat. Man nehme nur den Unglücklichen die Hoffnung einer bessern Welt: so sehe ich nicht, womit sie sich aufrichten sollen.

Unser Unglück schien nunmehr besänftiget zu seyn. Wir schmeckten die Ruhe eines stillen Lebens von neuem wieder. Wir kehrten zu unsern Büchern zurück, und die Liebe versüßte uns das Leben, und benahm den traurigen Erinnerungen des Vergangenen ihre Stärke. Mein Mann schrieb um diese Zeit ein Buch: Der standhafte Weise im Unglück. Etwan ein Vierteljahr nach Marianens Tode starb unser Wirth, und seine Frau hatte auch bereits die Welt verlassen. Dieser Todesfall machte eine grosse Veränderung in unsern Umständen. Wir mußten unsere Capitale übernehmen, die durch Dormunds Verlassenschaft sehr hoch angewachsen waren. In der That war dieses eine grosse Last für uns. Weder ich, noch mein Mann, noch Caroline wußten recht mit dem Gelde umzugehen. Und ich glaube, wir hätten ehe die Hälfte weggeschenkt, als daß wir es in unserer Verwahrung hätten behalten sollen. Andreas, Carolinens Bruder, hatte wieder eine Handlung in dem Haag angefangen. Wir schenkten ihm einige tausend Thaler, und von dem übrigen Gelde bothen wir ihm die Hälfte in seine Handlung an; mit der andern Hälfte dienten wir guten Freunden. Wenn die

Vorsichtigkeit bey dem Gelde eine Tugend ohne Ausnahme ist: so muß ich sagen, daß wir oft nachläßig damit umgiengen. Es war uns oft genug, es hinzugeben, wenn wir wußten, daß derjenige, der uns darum bat, ein rechtschaffener Mann war, der das Geld nöthiger brauchte, als wir. Ein Wort galt bey meinem Manne so viel, als ein Wechsel. Wir haben in der That auf diese Art viel Geld eingebüßt; aber wir sind niemals darum betrogen worden. Unsere Schuldner hatten ein gutes Herz; aber wenig Glück. Sie wollten gern wieder bezahlen, je mehr sie unsere Dienstfertigkeit sahen. Und sie machten uns durch ihre Aufrichtigkeit freygebig, wenn wir es auch von Natur nicht gewesen wären. Man glaubt es kaum, was es für ein Vergnügen ist, wenn man wackern Leuten dienen kann. Es gehört, wie mich deucht, weit mehr Ueberwindung dazu, das Vermögen, zu dienen, zurück zu halten, als es zu erfüllen.

Endlich verliessen wir aus verschiedenen Ursachen Amsterdam, und wandten uns mit unserer Tochter, nebst Carolinen und Carlsons Tochter nach dem Haag zu dem Herrn Andreas. Unser verstorbener Wirth hatte uns bey seinem Tode seine Tochter, als die unsrige, anbefohlen. Diese nahmen wir also mit uns. Ihr Vermögen blieb in Amsterdam in guten Händen. Dieses Frauenzimmer, welches nunmehr etwan funfzehn Jahr alt war, sah eben nicht schön aus; sie hatte aber sehr gute natürliche Gaben. Sie gefiel, ohne daß sie sich einbildete, gefallen zu haben. Die Artigkeit vertrat bey ihr die Stelle der Schönheit. Und wenn man die Wahl hat, ob man ein schönes Frauenzimmer, das nicht artig ist, oder ein artiges, das nicht schön ist, lieben soll: so wird man sich leicht für das letzte entschliessen. Ich kann ohne Prahlerey sagen, daß ich dieses Kind, welches Florentine hieß, meistens erzogen hatte. Und wenn ich gestehe, daß sie außerordentlich viel Geschicklichkeit besaß, so will ich nicht sagen, daß ich sie ihr beygebracht, sondern ihr nur zur Gelegenheit gedienet habe, sich solche zu erwerben. Sie hatte

Carolinen und dem Umgange mit meinem Manne sehr vieles zu danken. Sie war mehr unter Mannspersonen, als unter ihrem Geschlechte aufgewachsen. Dieses halte ich allemal für ein Glück bey einem Frauenzimmer. Denn wenn es wahr ist, daß die Mannspersonen in dem Umgange mit uns artig und manierlich werden: so ist es ebenfalls wahr, daß wir in ihrer Gesellschaft klug und gesetzt werden. Ich meyne aber gar nicht solche Mannspersonen, die insgemein für galant ausgeschryen werden, und die sich bemühen, ein junges Mädchen durch niederträchtige Schmeicheleyen zu vergöttern; die ihr durch ieden Blick, durch iede Bewegung des Mundes und der Hand von nichts als einer abgeschmackten Liebe sagen. Solche Leute müssen freylich nicht die Sittenlehrer der Frauenzimmer werden, wenn man haben will, daß eine junge Schöne keine Närrinn werden soll. Mir wäre es am wenigsten zu vergeben gewesen, wenn ich Florentinen nicht so wohl erzogen hätte, als es seyn kann, da ich Zeit, Gelegenheit, und ihre gute Fähigkeit vor mir hatte, und seit ihrem siebenten Jahre fast beständig um sie gewesen war. Ihre guten Eigenschaften machten sie nachgehends zur Frau eines Mannes, der in Holland eine der höchsten Ehrenstellen bekleidete, und an dem sein Stand noch das wenigste war, was ihn groß und hochachtungswerth machte. Doch ich will von unserer Florentine ein andermal reden.

Wir waren kaum einige Monate in dem Haag, so lief ein Schiff aus Rußland mit Waaren für unsern Andreas ein. Er bat uns, daß wir mit an Bord gehen, und die Ladung ansehen möchten. Wir ließen uns diesen Vorschlag gefallen, und fuhren dem ankommenden Schiffe etwan eine halbe Stunde auf der See entgegen.

Nunmehr komme ich auf einen Period aus meinem Leben, der alles übertrifft, was ich bisher gesagt habe. Ich muß mir Gewalt anthun, indem ich ihn beschreibe; so sehr weigert sich mein Herz, die Vorstellung einer Begebenheit in sich zu erneuern, die ihm so viel gekostet hat. Ich weis, daß es eine von den Haupttugenden einer guten Art zu erzählen ist, wenn man so erzählt, daß die Leser nicht die Sache zu lesen, sondern selbst zu sehen glauben, und durch eine abgenöthigte Empfindung sich unvermerkt an die Stelle der Person setzen, welcher die Sache begegnet ist. Allein ich zweifle, daß ich diese Absicht erhalten werde. Wir fuhren, wie ich gesagt habe, dem ankommenden Schiffe eine halbe Stunde entgegen. Es waren zehn bis zwölf Deutsche Reisende auf demselben, und auch etliche Russen. Diese stiegen in unserm Angesichte ans Land, und gratulirten den Herrn Andreas zur glücklichen Ankunft seines Schiffes, weil sie hörten, daß er der Herr davon war. Andreas, der die See stets in Gedanken hatte, hörte ihnen begierig zu. Nur mir ward die Zeit zu lang. Ich trat daher mit meinem Manne auf die Seite, und bat ihn, daß er wieder zurück fahren möchte. Da ich noch mit ihm rede, so kömmt einer von den Passagiern auf mich zugesprungen, umarmet mich, und ruft: Ja, ja, sie sind es, ich habe meinen Augen nicht trauen wollen; aber sie sind meine liebe Gemahlinn. Er drückte mich einige Minuten so fest an sich, daß ich nicht sehen konnte, wer mir diese Zärtlichkeit erwies. Das Schrecken kam darzu, und ich glaubte nicht anders, als daß ein unsinnig Verliebter mich angefallen hätte. Aber ach Himmel, wen sah ich endlich in meinen Armen! Meinen Grafen in Russischer Kleidung, meinen ersten Mann, den ich zehn Jahr für todt gehalten hatte. Ich kann nicht sagen, wie mir ward. So viel weis ich, daß ich kein Wort aufbringen konnte. Mein Graf stund und weinte. Er erblickte endlich seinen ehemaligen Freund, als meinen itzigen Mann. Er umarmte ihn; doch von beyden habe ich kein Wort gehört, oder vor Bestürzung nichts verstehen können. Unser Wagen hielt gleich neben uns. Nach diesem lief ich zu, ohne meine beyden Männer mit zu nehmen, aber beyde folgten mir nach. Ich umarmte den Grafen unzähligemal in dem Wagen;

was ich ihm aber gesagt habe, das ist mir unbekannt. Wir waren nunmehr in unserer Behausung, und ich fieng an mich wieder selber zu verstehen. Mein Graf bezeigte eine unendliche Zufriedenheit, daß er mich wieder gefunden hatte, und zwar an einem Orte, wo er mich am wenigsten vermuthet. Er sagte mir wohl tausendmal, daß ich noch eben so liebenswürdig wäre, als da er mich verlassen hätte. Sein Vergnügen war um desto stärker, weil er mich für todt gehalten hatte, da ich ihm auf etliche Briefe nicht geantwortet. Er glaubte, ich hätte es erfahren, daß er noch am Leben wäre. Kurz, er hatte von mir eben so wenig gewußt, als ich von seinem Leben. Herr R – – hatte uns verlassen, ohne daß wir es gemerkt. Wir waren also ganz allein. Mein Graf erzählte mir sein gehabtes Schicksal, davon ich bald reden will, und verlangte nunmehr zu wissen, wie es mir gegangen wäre. Er fragte mich hundertmal, und ich konnte ihm mit nichts, als Thränen und Umarmungen antworten. Liebe und Schaam machten mich sprachlos. Einen Mann hatte ich wieder gefunden, den ich ausnehmend liebte, und einen sollte ich verlassen, den ich nicht weniger liebte. Man muß es fühlen, wenn man wissen will, was es heißt, von zween Affecten zugleich bestürmt zu werden, von denen einer so groß, als der andere ist. Mein Gemahl muthmaßete aus meiner Wehmuth etwas widriges für sich. Er hielt noch inständiger an, daß ich ihm mein Herz entdecken, und ihm sein Glück oder Unglück wissen lassen sollte. Aber umsonst. Was konnte ich ihm sagen, wenn ich nicht sagen wollte, daß ich verheyrathet wäre? Ich schwieg, ich seufzete; doch dieses war genug gesagt. Sind sie nicht mehr meine Gemahlinn? fieng er an. Das wolle Gott nicht! Lieber meinen Tod, als diese Nachricht. In eben dem Augenblicke trat meine kleine Tochter, ein Kind von fünf Jahren, in das Zimmer, und vermehrte meine Bestürzung, und entdeckte zu gleicher Zeit das Geheimniß, vor welchem ich zitterte. Sie sah mich weinen; sie trat zu mir. Was fehlt ihnen denn, liebe Mama, fieng sie an, daß sie weinen? Ich komme von dem Papa, der weint auch, und will gar nicht mit mir reden. Ich habe ihnen doch nichts gethan. Mein Gott, sprach der Graf zu mir, sie sind verheyrathet! Ich unglückseliger Mann! Habe ich sie darum wieder finden müssen, damit meinem Herzen keine Art von Marter unbekannt bliebe? Wer ist denn ihr Gemahl? Sagen sie mirs nur. Ich will sie durch meine Gegenwart nicht länger quälen. Ich will sie gleich verlassen. Sie sind mir nicht untreu geworden. Sie haben mich für todt gehalten. Ich mache ihnen keine Vorwürfe. Niemand ist an meinem Unglücke Schuld, als das Verhängniß. Vielleicht ist dieses die Strafe für die Liebe mit Carolinen. Ueberwinden sie sich und reden sie mit mir, fuhr er fort. Ich kann es von niemanden, als von ihnen anhören, wer ihr Mann ist. Ich sprang von dem Stuhle auf, und fiel ihm in die Arme, aber ich sagte noch kein Wort. Nein, fieng er an, erweisen sie mir keine Zärtlichkeiten. Ich verdiene sie, das weis mein Herz; aber ihr itziger Ehegemahl kann ihre Liebe allein fordern, und ich muß dem Schicksale und der Tugend mit meiner Liebe weichen. Durch dieses Geständniß brachte er mich nur mehr in Bewegung. Er fragte endlich das kleine Kind, wo der Papa wäre, und warum er nicht herein käme? Er ist ja mit ihnen in dem Wagen gekommen, hub sie an. Er ist in seiner Stube und weint. Also, fieng der Graf zu mir an, ist mein liebster Freund ihr Gemahl? Dieses macht mein Unglück noch erträglich. Darauf bat er meine kleine Tochter, daß sie ihrem Papa rufen sollte. Allein er kam nicht, sondern schickte durch eben dieses Kind dem Grafen ein französisch Billet von diesem Innhalte:

Mein lieber Graf,
Sie dauern mich unendlich. Ich habe sie durch die unschuldigste Liebe so sehr beleidigt, als ob ich Ihr Feind gewesen wäre. Ich habe Ihnen Ihre Gemahlinn entzogen. Können Sie dieses

wohl von mir glauben? Der Irrthum, oder vielmehr die Gewißheit, daß Sie nicht mehr am Leben wären, hat mir den erlaubten Besitz ihrer Gemahlinn gegönnt; ihre Gegenwart aber verdammt nunmehr das sonst so tugendhafte Band. Sie sind zu großmüthig, und wir zu unschuldig, als daß Sie uns mit Ihrem Hasse bestrafen sollten. Unsere Unschuld verringert Ihr Unglück; allein sie hebt es nicht auf. Das einzige Mittel mich zu bestrafen ist, daß ich fliehe. Ich verlasse Sie, liebster Graf, und werde mich zeitlebens vor mir selber schämen. Wollte Gott, daß ich durch meine Abwesenheit und durch die Marter, die ich ausstehe, Ihren Verlust ersetzen könnte! Entfernen Sie das Kind, das Ihnen diesen Brief bringt, damit Sie das traurige Merkmaal Ihres Unglücks nicht vor den Augen haben dürfen. Ist es möglich, so denken Sie bey diesem Briefe zum letztenmale an mich. Sie sollen mich nicht wieder sehen.

Der Graf verließ mich, so bald er diesen Brief gelesen hatte, und suchte meinen Mann. Doch er war fort, und niemand wußte, wohin. Diese Nachricht setzte mich in eine neue Bestürzung. Mein ganzes Herz empörte sich. Ich hatte meinen ersten Mann wieder gefunden. Ich wußte, daß ich sie beyde nicht besitzen konnte; allein welcher Trieb hört die Vernunft weniger, als die Liebe. Es war in meinen Augen die grausamste Wahl, wenn ich daran dachte, welchen ich wählen sollte. Ich gehörte dem letzten so wohl, als dem ersten zu. Und nichts war mir entsetzlicher, als einen von beyden zu verlassen, so gewiß ich auch von dieser Nothwendigkeit überzeugt war. Der Herr R – – war indessen fort, und der Graf wollte nicht ruhen, bis er seinen Freund wieder sähe. Er schickte so gleich nach dem Hafen, damit er nicht etwan mit einem Schiffe abgehen sollte. Ich hatte ihm indessen erzählt, daß ich den Herrn R – – freywillig zu meinem Manne erwählt, und daß ich seine großmüthige Freundschaft nicht besser zu belohnen gewußt hätte, als durch die Liebe. Ich weis genug, fieng der Graf an, weder sie, noch mein Freund haben mich beleidiget. Es ist ein Schicksal, das wir nicht erforschen können. In wenig Stunden kam Herr R – – zurück. Er war schon im Begriffe gewesen, mit einem Schiffe fortzugehen. Er dankte dem Grafen auf das zärtlichste, daß er ihn wieder hätte zurück rufen lassen. Ich will nichts, als Abschied von ihnen nehmen, fieng er an, von ihnen und ihrer Gemahlinn. Gönnen sie mir diese Zufriedenheit noch, es wird gewiß die letzte in meinem Leben seyn. So gleich nahm er mich bey der Hand, und führte mich zu dem Grafen. Hier, sprach er, übergebe ich ihnen meine Gemahlinn, und verwandele meine Liebe von diesem Augenblicke an in Ehrerbietung. Hierauf wollte er Abschied nehmen; doch der Graf ließ ihn nicht von sich. Nein, sagte er, bleiben sie bey mir. Ich fange auf ihr Verlangen mit meiner Gemahlinn die zärtlichste Ehe wieder an. Sie ist mir noch so kostbar, als ehedem. Ihr Herz ist edel und beständig geblieben. Sie hat nicht gewußt, daß ich noch lebe. Nein, mein lieber Freund, bleiben sie bey uns. Wollen sie mich etwan darum verlassen, daß ich nicht eifersüchtig werden soll, so beleidigen sie die Treue meiner Gemahlinn und mein Vertrauen. Bitten sie ihn doch, Madam, fieng er zu mir an, daß er bleibt. Ich hatte kaum so viel Gewalt über mich, daß ich zu ihm sagte: Warum wollen sie uns verlassen? Mein lieber Gemahl bittet sie ja, daß sie hier bleiben sollen. Und ich müßte sie niemals geliebt haben, wenn mir ihre Entfernung gleichgültig seyn sollte. Bleiben sie wenigstens in Amsterdam, wenn sie nicht in unserm Hause bleiben wollen. Ich werde sie lieben, ohne es ihnen weiter zu sagen, und ob ich gleich aufhören werde, die ihrige zu seyn, so untersagt mir doch die Liebe zu meinem Gemahle nicht, ihnen beständig Zeichen der Hochachtung und Freundschaft zu erkennen zu geben. Er blieb auf unser Bitten auch wirklich in Amsterdam. Er speisete oft mit uns, und seine Aufführung war so edel, als man nur denken kann. Wenn auch ich weniger tugendhaft gewesen wäre, so hätte mich doch sein großmüthiges Bezeigen tugendhaft erhalten müssen. Er that gar nicht, als ob er jemals mein Mann gewesen wäre. Kein vertrauliches Wort, keine vertrauliche Mine durfte ihm entfahren. Wie er vor meiner Ehe mit mir umgegangen war, so gieng er itzt mit mir um. Er unterhielt mich mit Freundschaft und Hochachtung, und beförderte mein und meines Grafen Vergnügen mit Aufopferung des seinigen. Er war oft ganze Tage bey mir allein. Ich glaube, daß ich so viel Schwachheit gehabt hätte, ihn anzuhören, wenn er an die vorigen Zeiten gedacht hätte. Und wer weis, ob ich ihm nicht wider meinen Willen durch manchen Blick ein stummes Bekenntniß von meiner Liebe gethan habe, so gewissenhaft ich auch mit ihm umgieng, und so sehr ich meinen Grafen liebte. Ueber die Gegenwart der Caroline erstaunte der Graf sehr. Er hätte es lieber gesehen, wenn sie unsere Wohnung verlassen hätte. Allein ich bat ihn, daß er mir ihre Gesellschaft nicht entziehen sollte. Können sie meiner Tugend trauen, sagte ich zu ihm, so müssen sie wissen, daß ich der ihrigen gewiß bin. Das Schicksal der beyden Kinder, die er mit Carolinen erzeugt, war eine Sache, die ihn oft ganze Stunden niedergeschlagen machte. Er führte sich indessen gegen Carolinen sehr liebreich auf. Er scherzte oft mit uns beyden; allein sein Scherz war so behutsam, daß er weder sie kränken, noch mich beleidigen konnte. Wie es uns ferner gegangen, will ich künftig erzählen. Itzt muß ich nur von meines Gemahls, des Grafen Abwesenheit noch kürzlich so viel erwähnen. Die Russen hatten von dem Dorfe Besitz genommen, darinn mein Gemahl auf den Tod gelegen, und von den Schweden als todt war zurück gelassen worden. Da er nach und nach wieder gesund worden, hatte man ihn als einen gefangenen Officier mit nach Rußland geschickt. Er hatte seinen Namen aus Furcht, daß man ihn desto eher an die Schweden ausliefern möchte, verschwiegen, und sich für einen Capitain ausgegeben. Seine erlittenen Unglücksfälle, und wie er fünf Jahre in Siberien hat zubringen müssen, damit will ich die Fortsetzung von meiner Geschichte anfangen. Der arme Graf hat viel ausstehen müssen. Er starb. – – – Doch ich will itzt nichts mehr sagen.

Ende des ersten Theils.

Leben der Schwedischen Gräfinn von G**

Zweyter Theil.

Leipzig,
bey Johann Wendler, 1748.

Leben der Schwedischen Gräfinn von G**

Zweyter Theil.

Ich bin gegen das Elend, das der Graf in Rußland ausgestanden, zu empfindlich, als daß ichs nach seiner Länge erzählen und in eine gewisse Ordnung bringen sollte. Allein ich brauche auch diese betrübte Mühe nicht. Ich habe ein halb Jahr nach seiner Zurückkunft noch zween von denen Briefen erhalten, die er in seiner Gefangenschaft an mich geschrieben. Den einen hatte er an einen Geistlichen, auf seinen Gütern in Liefland, addreßiret, der aber nichts von meinem Auffenthalte erfahren können. Den andern brachte mir ein Jude, wie man in dem Verfolge der Erzählung sehen wird. Diese Briefe enthalten den größten Theil von dem, was ihm in Moskau und Siberien begegnet ist. Ich will sie also unverändert hier einrücken. Es ist immer, als wenn man mehr Antheil an einer Begebenheit nähme, wenn sie der selbst erzählet, dem sie zugestoßen ist. Sie werden über dieses den edlen Charakter des Grafen und seine beständige Liebe gegen mich in ein grösser Licht setzen. Wie groß ist sie nicht gewesen! Und eben zu der Zeit, da er mich so brünstig geliebt und alles für mich gefühlt hat, was nur sein Elend hat vergrössern können, habe ich in den Armen eines andern Gemahls der Freuden der Liebe und des Lebens genossen. Wie viel tausend Thränen hat mich dieser Gedanke schon gekostet, und wie oft bin ich vor meiner unschuldigen Liebe zu dem Herrn R** als vor einem Verbrechen erröthet!

Der erste Brief ist aus der Stadt Moskau geschrieben.

* * *

Euer unglücklicher Gemahl lebt noch. Wollte doch Gott, daß ihr diese Nachricht schon wüßtet, oder sie wenigstens durch diesen Brief erführet! Ein plötzlicher Ueberfall, den die Russen drey Tage vor meiner angesetzten Hinrichtung auf das Dorf thaten, in welchem ich gefangen und krank lag, hat mir das Leben errettet. Ja, liebste Gemahlinn, diese Vorsehung ist eine Frucht eurer Thränen und meiner Unschuld. Ich habe etliche Tage nach dem geschehenen Ueberfall kaum mehr gewußt, daß ich lebte. Nachdem ich von meiner Krankheit wieder zu mir selber kam und mich in den Händen der Russen sah: so gab ich mich zu meiner Sicherheit für einen Capitain aus und nannte mich Löwenhoek. Unter allen denen Gefangenen, mit welchen ich bald in diese, bald in jene Festung, und endlich nach der Stadt Moskau geschleppt worden bin, sind nicht mehr, als zween Officiere, die mich kennen. Sie sind beide Engelländer von Geburt und die treusten und besten Gefährten meines Elends, die ich mir nur wünschen kann. Der eine von ihnen, Steeley, hat vor wenig Tagen die Freyheit erhalten, einige von seinen Landsleuten, die hieher handeln, zu sprechen, und durch diese hat er mir einen Brief nach Liefland zu bestellen, die sicherste Gelegenheit ausgemacht. Wenn er doch schon in euren Händen wäre! Wenn ich doch nur eine von den Thränen der Freude sehen sollte, die euch die Nachricht von meinem Leben auspressen wird. Wo habt ihr euch denn nach meinem letzten traurigen Briefe hingewandt? Hat euch die Rache des ungerechten Prinzen nicht verfolgt? Ist mein Freund R** mit euch geflüchtet? Und wohin? Arme und unglückliche Gemahlinn! Gönnt mir doch den Trost, daß ich alle mein gegenwärtiges Unglück und das noch künftige eurer Tugend und eurer Liebe gegen mich zuschreiben darf. Nichts als diese Ursache ist vermögend, mir mein Elend zu versüssen, und mir die Schande und das schreckliche Andenken eines gewaltsamen Todes, den mir der Prinz zugedacht, zu erleichtern. Ertraget meine Abwesenheit gelassen, ich bitte euch bey unserer Liebe, und hofft, wir werden uns gewiß wieder sehen. Aber, o Gott!

wenn? Und ach wo weis ich denn, ob ihr mein Unglück habt überleben können? Schrecklicher Gedanke, den ich ohne Zittern nicht niederschreiben kann! Nein, mein einziger Wunsch in der Welt, ihr lebt noch. Mein Herz sagt mirs, und es verspricht mir die Wollust, euch noch einmal, ehe ich sterbe, zu umarmen. Um diese Glückseligkeit bitte ich die Vorsehung alle Tage und in dem Augenblicke, da ich dieses schreibe. Kann mir Gott mein Leben wohl zu einem geringern Vergnügen gelassen haben, als daß ich noch einen Theil davon, und wenn es auch nur etliche Tage wären, mit euch zubringen soll? Stellt euch doch die Zufriedenheit vor, die wir schmecken werden, wenn uns die Zeit einander wieder geben wird. Wie lange werden wir vor Entzückung nicht reden! und wie lange werden wir nach tausend Umarmungen sprechen, ehe wir uns satt reden und unser Herz und unser Schicksal einander ausschütten werden! Bekümmert euch nicht zu sehr um mich. Mir fehlt zur Erleichtrung meines Elendes nichts, als die Nachricht von euch und meinem lieben Freunde R**. Erlauben es eure Umstände: so überschickt mir einen Wechsel, ob ich vielleicht dadurch meine Zurückkunft bewerkstelligen kann. Ich bin seit meinem Arreste von allem entblößt gewesen. Ich habe alle Beschwerlichkeiten ausgestanden, die einem Gefangenen auf einem Wege von mehr als hundert Meilen begegnen können. Eben der kümmerliche Proviant, der noch etliche hundert gemeine Mitgefangene gesättiget hat, ist die ganze Zeit über gut genug für mich gewesen. Die Erbitterung der Russen gegen die Schwedische Nation, hat uns das Elend, gefangen zu seyn, am beschwerlichsten gemacht. Sie nennen ihre Sorglosigkeit gegen uns, ihre Unempfindlichkeit gegen unsere Klagen, eine gerechte Vergeltung für das barbarische Bezeigen, womit unser König, wie sie sagen, den gefangnen Russen begegnen ließ. Das Schrecklichste, was wir, nachdem wir über die Pohlnischen Grenzen waren, erfahren haben, ist der Mangel an frischem

Wasser gewesen, weil wir oft um die Moräste zu umgehn, einen Umweg durch sandigte Gegenden nehmen mußten.

Mein ganzes Vermögen seit meiner Gefangenschaft hat in zwanzig Thalern bestanden, mit denen mich ein gemeiner Schwedischer Soldat unlängst beschenkt hat. Er starb einen Monat zuvor, ehe wir in der Stadt Moskau ankamen, an einer Wunde, und zwar in einer Nacht, die wir unter freyem Himmel zubringen mußten. Er hatte mir auf dem Marsche viele Dienste erwiesen, und ich belohnte seine Treue dadurch, daß ich die ganze Nacht bey ihm blieb und auf sein Verlangen mit ihm betete. Er hatte in seinem Brusttuche ein Goldstück von zwanzig Thalern eingenäht, womit ihn seine Braut in Stockholm bey seinem Abschiede beschenkt. Dieses gab er mir und bat mich, wenn ich wieder nach Stockholm kommen sollte, seiner Braut seinen Tod zu melden und ihr einige Wohlthaten zu erzeigen. Ich schicke euch den Zeddel, in welchem das Geld eingewickelt war, und in welchem der Braut ihr Name steht. Wenn es möglich ist: so laßt ihr den Tod ihres Bräutigams melden, und schickt ihr für die zwanzig Thaler, die mir und meinem lieben Steeley so viele Dienste gethan haben, hundert. Als mein Landsmann, der mich bis auf den letzten Augenblick bey der Hand hielt, todt war: so schlief ich neben ihm ein. Damals träumte mir, ihr kämet mir an einem Flusse entgegen. Wie erschrackt ihr, meine Liebenswürdige, wie schön entsetztet ihr euch, mich wieder zu finden! Ich erwachte über diesem Traume und lag auf dem todten Landsmanne, und dankte dem Himmel, ehe ich noch aufstund, für diesen glücklichen Traum. Die Freundschaft, die ich dem Sterbenden erwies, brachte mir die Liebe von sechs andern gemeinen Schweden zu Wege, die bey seinem Tode zugegen waren. Es gefiel ihnen, daß ich ihren Cameraden so wohl zum Tode bereitet hatte. Sie baten mich, daß ich eben das an ihnen thun möchte, wenn sie etwan auf dem Marsche sterben sollten; sie beeiferten sich recht von diesem Tage an, mir zu dienen und darbten sich oft das frische Wasser ab, damit sie es mir und Steeley im Nothfalle anbieten könnten. Ich ward kurz darauf krank und konnte nicht mehr gehn, so hinfällig war ich. Allein ehe mich meine sechs Landsleute zurück ließen: so trugen sie mich lieber etliche Tage lang in Stöcken, an Stricken gebunden und mit Binsen durchflochten, fort und nahmen alle die Mühe aus gutem Herzen über sich, zu der sie ausserdem weder Furcht noch Belohnung würde fähig gemacht haben. Ich habe in dieser Krankheit insonderheit den großen Unterschied gesehen, der unter den Diensten ist, die man uns aus Gehorsam und Hoffnung erzeigt, und unter denen, die man dem andern aus einem geheimen Triebe der Freundschaft und des Mitleidens erweiset. Ihre Begierde zu dienen wuchs mit meiner Gefahr, und Leute, die niemals sinnreich in Anschlägen, noch geübt in Gefälligkeiten gewesen waren, wurden sorgfältig, und sinnreich an Mitteln, mir das Leben zu erhalten, weil sie es gern erhalten wissen wollten. Dieses ist die einzige Krankheit gewesen, die mir auf dem Wege nach Rußland zugestoßen. Vor sechs Wochen sind wir hier in der Stadt Moskau angekommen und die ersten gefangnen Schweden in diesem Kriege gewesen, an denen die wilden Einwohner dieses Orts ihre rachsüchtigen Augen befriedigt haben. Wir mochten unser wohl drey bis vier hundert seyn, die man in einem sehr traurigen Aufzuge dem Pöbel einen halben Tag lang öffentlich darstellte. Er würde uns mit Freuden umgebracht haben, wenn wir nicht von einer starken Wache umgeben gewesen wären. Indem wir eine Zeitlang auf einem freyen Platze gestanden und tausend Schimpfreden, die wir aus den Geberden unsrer Feinde errathen konnten, angehört hatten, drängte sich eine alte Frau zu einem Russen, der mit uns angekommen war. Sie fragte, wo sein Camerad, ihr Sohn wäre. Der Russe, der vielleicht nicht wußte, nach wem sie fragte, antwortete ihr, daß ihn die Schweden todt geschlagen hätten. In dem Augenblicke fuhr sie auf mich und schrie: was? hast du meinen Sohn umgebracht? und riß mich, der ich vor Mattigkeit mich kaum selbst mehr aufrecht halten konnte, zur Erde, bis die Soldaten mich von ihrer Wut befreyten. Bedenkt nur, meine liebe Gemahlinn, wie mir damals zu Muthe gewesen seyn muß. In eben der Stadt, in welcher mein Vater in seiner Jugend die Ehre eines Königlichen Abgesandten genossen, war ich ein nichtswürdiger Schwede, und vielleicht auf eben dem Platze, wo er seinen Einzug gehalten, war sein Sohn itzt der Raserey eines Weibes ausgesetzt.

Wodurch habe ich doch das traurige Schicksal verdient, fern von euch, in einer öden Mauer eingeschlossen zu seyn, in einem Behältnisse, in dem ich ausser der Gesellschaft meines Steeley, alles entbehre, was das Leben angenehm macht, und von keiner Freude weis, als von der, mich euer mit ihm zu erinnern, und mit ihm über unser Schicksal zu seufzen? Er hat, wie ich euch schon gesagt, durch ein Geschenke, das er dem Aufseher über die Gefangnen von dem Reste unsrer zwanzig Thaler gemacht, endlich die Freyheit erhalten, mit einigen Kaufleuten aus London zu sprechen. Diese haben ihm hundert Thaler vorgeschossen und alles für ihn zu thun versprochen. Durch dieses Geld hoffen wir uns von unserm Gebieter zuweilen den Schatten einer Freyheit zu erkaufen, denn durch Geld lassen sie sich, wenn sie anders mitleidig seyn könnten, am ersten mitleidig machen. Er brachte mir bey seiner Zurückkunft eine Flasche Wein und etwas Zwieback mit. Ihr denkt etwan, sprach er, da er die Flasche aus der Tasche zog, daß ich bey meinen Landsleuten schon Wein getrunken habe. Nein, mein lieber Graf, ich würde mir nicht die Freude entzogen haben, das erste Glas in eurer Gesellschaft zu trinken. Ich habe noch keinen Tropfen gekostet. Aber nun kommt, nun kann ich nicht länger warten. Kommt, wir wollen unser Unglück einige Augenblicke vergessen und die Freuden des Weins fühlen, und uns alles das als gewiß vorstellen, was wir wünschen. Wir tranken ein Glas. Welche Wollust war das für uns! Wir ehrten durch unsere Entzückung den Gott, der dem Weine die Kraft geschenkt, unsere Herzen zu begeistern und dankten ihm durch ein stilles Nachdenken für ein Vergnügen, das wir seit ganzen Jahren nicht genossen hatten. Wir brachten einen ganzen Nachmittag über unserer Flasche Wein zu. Wir wollten nicht an unser ausgestandnes Schicksal denken; aber es war uns unmöglich. Es war, als ob uns eine große Zufriedenheit fehlte, daß wir nicht mit einem Blicke die Reihe unsrer betrübten Begebenheiten übersehen sollten. Wir wiederholten sie einander, als ob wir sie einander noch nicht gesagt hätten. Wir richteten uns bey unsern Klagen mit der Wahrheit auf, daß ein gütiger und weiser Gott dieses Schicksal über uns verhängt hätte, daß wir uns unser Elend nicht leichter machen könnten, als wenn wir uns seinen Schickungen geduldig überließen, bis es ihm gefiele, uns das Unglück, oder das Leben zu nehmen. Wir gaben einander die Hände darauf, alles was uns begegnen würde, mit einer uns anständigen Gelassenheit zu ertragen. Aber, fieng Steeley an, indem er meine Hand betrachtete, dürfen wir denn nicht wünschen, diese Hände denen noch einmal zu reichen, die wir in unserm Vaterlande lieben? Und wenn Gott dieses nicht wollte, werden wir auch da gelassen bleiben? Wenn Gott dieses nicht wollte – – sprach ich, und konnte nichts mehr sprechen. Es ward finster in meinem Verstande. Ich sah keine Gründe zur Gelassenheit mehr, aber Ursachen genug, mich zu beklagen und euern Verlust zu beseufzen. Wir schwiegen eine zeitlang still, als ob wir uns schämten, den Entschluß zu widerrufen, den wir nach langen Betrachtungen gefaßt hatten. Wie Gott will, fieng endlich mein Freund mit einem Tone an, der doch die größte Unruhe verrieth: wie Gott will! Ich will durch meine Gelassenheit gar nicht einen Anspruch machen, daß er seine Schickungen nach meinem Wunsche einrichten soll. Nein, er soll sie ordnen. Aber ist denn das Verlangen unser Vaterland wieder zu sehn und aus dieser Barbarey erlöset zu seyn, ein ungerechter Wunsch? Sollen wir denn in diesem kläglichen Zustande unser ganzes Leben zubringen und nur den Tod hoffen? So sah es mit unserer Gelassenheit aus, und so ist es uns oft gegangen. Wenn wir uns bemüht haben, recht ruhig zu seyn, sind wir am unzufriedensten geworden. Man sieht, wenn man den Betrachtungen über die Vorsehung nachhängt, die Unmöglichkeit sich selbst zu helfen, deutlicher, als wenn man sich seinen Empfindungen überläßt; man sieht die Nothwendigkeit, sich ihren Führungen zu überlassen, und man will doch zugleich nicht von dem Plane seiner eignen Wünsche abgehn. Man will ihn gewiß, man will ihn bald ausgeführt wissen, und man sieht doch, daß die Umstände dazu nicht in unserer Gewalt stehn. Für diese traurige Entdeckung will sich unser Herz gleichsam durch die Unzufriedenheit rächen, und es umnebelt den Verstand, damit es von seinem Lichte nicht noch mehr zu befürchten habe.

Zur Arbeit hat man uns, wie die gemeinen Gefangnen, noch nicht gezwungen, und gleichwohl verstattet man uns nicht die geringste Freyheit auszugehen. Mein erstes Geschäfte in meinem itzigen Gefängnisse ist dieser Brief, und daß wir keine Geschäfte haben, über denen wir uns zuweilen vergessen könnten, dieses macht unser Elend vollkommen. Wenn auch die Erlaubniß, die sich Steeley erkauft hatte, seine Landsleute einige Stunden zu sehn, uns nichts zu Wege gebracht hätte, als etliche Bogen Papier, und Dinte und Feder: so würde sie uns doch schon kostbar genug seyn; denn dieses haben wir für alles Geld nicht erhalten können. Sidne, Steeleys Landsmann und Vetter, ist zu unserm Unglücke in ein ander Theil der Stadt gelegt worden; und so elend wir beide dran sind: so muß es ihm doch noch weit kümmerlicher gehn, da er von allem Gelde entblößt ist. Steeley grüßt euch tausendmal und ist so sehr euer

Freund, als der meinige. Wenn ich ihn nicht hätte: so würde mir die Gefangenschaft eine Hölle seyn. Er hat bey einem redlichen und zärtlichen Herzen gewisse Fehler, für die ich ihm recht verbunden bin, weil sie oft unsere traurige Stille unterbrechen und uns etwas zu thun geben. Er liebt die Verdienste seiner Nation auf Unkosten der übrigen Völker. Diese Parteylichkeit, ein natürlicher Ungestüm, und der Fehler des Widersprechens machen mir ihn nothwendig und zugleich schätzbarer. Seine Widersprüche kommen aus einer Fülle des Geistes und der Lebhaftigkeit, aus einer Liebe zur Freyheit im Denken, aus einem Hasse gegen alles niederträchtige Nachgeben, und aus einem Ueberfluße der Aufrichtigkeit und leicht aufwallender Empfindungen her. In seinem Charakter und in seinem Munde verliert also das Widersprechen das meiste von seiner beleidigenden Natur und wird eine Quelle zu vertrauten Gesprächen und kleinen Zänkereyen, deren Mangel uns die lange Zeit und die Gefangenschaft noch weit verdrießlicher machen würde. Kurz, wir sind für einander gemacht. Seine Fehler sind von den meinigen das Gegengewicht, und machen seine guten Eigenschaften nur desto sichtbarer. Er ist sehr vortheilhaft gebildet und seine Mine ist so lebhaft, als sein Herz. Er ist noch jung. Das Unglück in der Liebe ist Ursache, daß er sein Vaterland verlassen und wider seine Neigung, bloß aus Unzufriedenheit, in Schweden Kriegsdienste angenommen hat. Ich will euch sein Unglück kurz erzählen, und ihm euer Mitleiden dadurch verdienen. Als er nebst seinem Vetter Sidne die Universität zu Oxford verlassen, begiebt er sich auf seines Vaters Landgut, etliche Meilen von London, um desto ruhiger studiren zu können. Hier wird er mit einem liebenswürdigen Frauenzimmer, der Tochter eines benachbarten Landedelmanns bekannt, und fängt an, das erstemal zu lieben. Nach zwey Jahren, nach tausend besiegten Hindernissen, und nach tausend Beweisen ihrer Treue, erhält er endlich von ihren Aeltern das

Ja, und von seinem Vater die Einwilligung. Der Tag zur Vermählung mit seiner geliebten Antonia wird angesetzt. Sie soll Morgen auf seines Vaters Landgute vor sich gehen, und heute reist er mit ihm zu ihr, um sie nebst den Ihrigen abzuholen. Sie kommen um die Mittagsmahlzeit an, und nach derselben soll die Rückreise erfolgen. Er sitzt mit seiner Antonia in der zärtlichsten Vertraulichkeit unter einer Laube, als man ihnen meldet, daß die Wagen angespannt würden. Verlaßt mich einen Augenblick, fängt sie zitternd zu ihm an, und wenn alles fertig ist: so holet mich ab. Er kömmt wieder und fodert sie zur Abreise auf. Nun bin ich, spricht sie, indem sie ihm die Hand reicht, bereit, euch zu folgen. Es war mir so bange, und ich weis nicht warum. Bin ich denn nicht glücklich genug, da ich in euern Armen der Zufriedenheit der Ehe entgegen eile? Kommt, ich bin die Eurige. Er setzt sich darauf mit ihr in die Kutsche, und die Uebrigen folgen in zween andern Wagen nach. Die Liebe, die unschuldigste und seligste Liebe, ihr Ursprung, ihr Fortgang, alles was sie für einander gefühlt haben, ist in dem Wagen ihr Gespräch. Indem sie noch so reden, und etwan noch eine Stunde bis auf seines Vaters Landgut haben, zieht sich ein Gewitter auf. Im kurzen wird der ganze Himmel schwarz und ein Schlag folgt auf den andern. Der Donner erschlägt eins von ihren Pferden. Antonia springt darauf in der größten Angst aus dem Wagen und reicht Steeleyn die Hand, ihr nachzufolgen und mit ihr in das nächste Dorf zu eilen. Indem sie ihn bey der Hand nimmt, thut es einen entsetzlichen Schlag, und er sinkt in den Wagen zurück. Als er wieder zu sich selbst kömmt, sieht er seine Braut noch an der Thüre des Wagens, vom Blitze getödtet, lehnen, so wie sie ihm die Hand reichte. Kann wohl ein größer Unglück seyn? Der arme Freund! Ein halb Jahr darauf nöthiget ihn sein Vater, eine Reise vorzunehmen, um seine Schwermuth zu zerstreuen. Er thut ihn in das Gefolge des Englischen Gesandten, der nach Stockholm geht, und giebt ihm seinen Vetter zum Gefährten mit. Und eben in dieser Stadt entschließt er sich aus Schwermuth, und aus Verdruß gegen sein Leben, ohne Wissen des Gesandten, Kriegsdienste anzunehmen und muntert seinen Vetter zu eben diesem Entschlusse auf. Er hat nunmehr an diesen Gesandten geschrieben, und ihm sein Unglück und seine Gefangenschaft geklagt, und zugleich für mich, unter dem Namen des Capitains Löwenhoek gebeten. Vielleicht vermag dieser Mann etwas zu unserer Befreyung. Addressirt eure Briefe nach der beygelegten Aufschrift an den Sekretair dieses Gesandten; er ist Steeleys guter Freund. Ich würde noch nicht zu schreiben aufhören, wenn wir mehr Papier hätten. Wird euch denn dieser Brief auch antreffen? Ja, ich hoffe es und tröste mich schon mit einer Antwort von euch – –

* * *

Mein Gemahl hat, wie er mir erzählt, in allen dreymal an mich geschrieben. Zweymal aus Moskau und einmal aus Siberien. Der andere Brief aus Moskau ist ganz verlohren gegangen. Er ist ungefehr ein Jahr nach dem vorhergehenden und zu einer Zeit geschrieben gewesen, in der es ihm in seiner Gefangenschaft am erträglichsten gegangen. Steeley hatte nämlich durch seine Landsleute und durch ihr Geld den Aufseher der Gefangnen immer mehr gewonnen. Er hatte es so weit gebracht, daß sein Vetter Sidne ihm und meinem Gemahle beygesellet worden war. Durch den Beytritt dieses Unglückseligen, von dem in dem folgenden Briefe eine traurige Nachricht enthalten ist, war ihr Ungemach einige Zeit sehr gemildert worden. Mein Gemahl hat mir von diesem Sidne nicht gutes genug erzählen können. Er war von Natur liebreich und furchtsam gewesen, und bloß Steeleyn zu Liebe ein Soldat geworden. Er hatte nach seiner natürlichen Beschaffenheit die Beschwerlichkeiten der

Gefangenschaft empfindlicher gefühlt, als sie beide; und so traurig er selbst gewesen war: so war er doch, wenn Steeley und mein Gemahl ihren Muth verlohren hatten, aus Liebe für sie gelassen und ihr Beruhiger geworden. Der Brief, den mein Gemahl aus der Stadt Tobolskoy in Siberien an mich geschrieben, ist folgender:

Liebste Gemahlinn,
Ich hoffe, daß ihr noch lebt, weil es mein Herz wünscht, und ich hoffe so gar, daß dieser Brief, den ich in dem entferntesten und schrecklichsten Theile der Welt schreibe, gewiß in eure Hände kommen soll. Ein Pohlnischer Jude, der nach Tobolskoy handelt, und im Begriffe steht, wieder nach Pohlen abzureisen, ist mein Freund und großer Wohlthäter geworden, und vielleicht wird er gar mein Befreyer aus der Gefangenschaft. Ich habe ihm vor einem Jahre in einem nah an der Stadt gelegnen Gehölze, wo ich nach dem Willen meines Schicksals noch, wie andre Unglückliche, auf Zobel ausgehn mußte, das Leben erhalten, und ihn aus dem Schnee, in den er mit dem Pferde gefallen und fast schon erfroren war, mit der größten Gefahr errettet. Dieser Mann ist auf die edelste Art dankbar gewesen, und hat mir bewiesen, daß es auch unter dem Volke gute Herzen giebt, das sie am wenigsten zu haben scheint. Er hat nicht eher geruht, biß er mich vor den Gouverneur gebracht, bey dem er seines Reichthums wegen in Ansehn steht. Herr, sprach er, dieser Schwedische Officier hat mir, wie ihr wißt, das Leben erhalten, und ich habe Dankbarkeit und Geld genug, ihn zu ranzioniren. Der Gouverneur antwortete, daß dieses nicht bey ihm stünde, und daß er ohne Befehl von dem Hofe keinen Menschen freygeben könnte. Darauf gab ihm der Jude einen Beutel mit Golde und bat, daß er mir die beschwerlichen Dienste eines ins Elend Verwiesenen erlassen möchte. Der Gouverneur versprach ihm dieses, doch unter der Bedin-

gung, daß er täglich etliche Copicken für mich erlegen sollte. Mein Wohlthäter bezahlte das Geld mit Freuden auf ein ganzes Jahr zum voraus und bat sich zugleich aus, daß er mich in dem Gefangenhofe einen Tag um den andern besuchen dürfte. Doch ehe ich euch meine itzigen Umstände weiter beschreibe, so muß ich euch erst sagen, wie mirs seit drey Jahren in Siberien gegangen ist, und wie ich in dieses Land gekommen bin.

Wenn ihr meinen letzten Brief aus Moskau erhalten habt: so werdet ihr wissen, daß Sidne, Steeleys Anverwandter, nunmehr mit uns an einem Orte verwahret wurde. Das Geld, das Steeley von seinen Landsleuten aufs neue bekommen, langte einige Monate zu, unsere äusserlichen Umstände zu verbessern. Wir durften nicht bloß von der elenden Kost leben, die man den Gefangnen reichte. Wir konnten wenigstens zu Mittage etwas bessers haben. Wir hatten dem Aufseher lange angelegen, uns einige Englische oder Französische Bücher zum lesen zu verschaffen; allein wir erhielten keine. Er gab uns etliche Russische Chroniken, und einen Popen, oder Geistlichen, der uns diese Sprache lehren sollte. Wie froh waren wir, daß wir etwas zu thun bekamen. Es waren sehr mittelmäßige Bücher, und dennoch lasen wir sie wohl zehnmal durch. Wir konnten wenigstens, so lange wir sie lasen, nicht an unser Elend denken, und dieser Vortheil war groß genug für die Mühe, die wir anwenden mußten, wenn wir die Geschichte der alten Barbarischen Fürsten in Rußland verstehn wollten. Unser Pope vertrieb uns durch seinen Unterricht in der Sprache alle Tage etliche Stunden für ein geringes Geld. Er brachte endlich einige kleine Bücher mit, welche von der Griechischen Religion handelten. Er war so unwissend darinn, als man nur seyn kann. Steeley widersprach ihm nach seiner Gemüthsart sehr oft, und so wenig er noch das Russische sprechen konnte: so konnte er doch genug, um ihn zu widerlegen. Ich und Sidne baten ihn oft, es nicht zu thun, weil wir nach und nach viel Bosheit bey dem Popen merkten. Da endlich unser Geld alle wurde und der Pope auf die letzt meistens betrunken zu uns kam: so dankten wir diesen Geistlichen ab. Dieses verdroß ihn. Er schalt auf Steeleyn und den armen Sidne, der ihm das letzte Geld für seine Unterweisung auszahlte. Wir suchten ihn bald durch gute Worte, bald durch Stillschweigen zu besänftigen; aber vergebens. Der Brandtwein und eine niederträchtige Seele tobten aus ihm, und er lärmte und schrie, biß die Wache hereintrat. Sie fragte, was es wäre, und der Bösewicht beschuldigte uns, daß wir wider den Zaar und die Kirche gesprochen hätten. Die Wache ward über diese Beschuldigung so rasend, daß wir in der Gefahr waren, umgebracht zu werden. Der Oberaufseher kam und versprach dem Popen Genugthuung; wir aber wurden gleich als die größten Missethäter geschlossen. Ach meine Gemahlinn, soll ich euch unsere damalige Angst beschreiben? soll ich euch alles sagen? Wir wurden den andern Tag zum Verhör gebracht. Der Pope, dessen Wort unbetrüglich war, widerholte seine Beschuldigung zuerst gegen Steeleyn. Mein Freund berufte sich auf seine Unschuld; aber vor diesem schrecklichen Gerichte galt sie nicht. Man verfuhr nach ihrer barbarischen Gewohnheit, die Wahrheit vor Gerichte herauszubringen. Man ließ ihn niederwerfen und ihm die Bodoggen geben, damit er bekennen sollte. Er stund diese Marter vor unsern Augen standhaft aus und ließ unter den Händen der Barbaren, die ihn mit zwey Stäben auf den blossen Leib schlugen, nicht die geringste Klage hören. Als seine Qvaal vorüber war, ohne daß man ihm ein Geständniß hatte abzwingen können, so kam die Reihe an den unglückseligen Sidne. Der Pope bekannte wider ihn, und Sidne, der mit tausend Thränen und Bitten dieser Marter vergebens zu entgehn suchte, ward endlich nieder gerissen. Ich wollte das Gesicht wegwenden, um seiner Qvaal nicht mit zuzusehn; allein die

Wütriche nöthigten mich, der nächste Zeuge davon zu seyn. Er erduldete sie, ohne sie zu überleben. Sobald man ihm die gesetzte Zahl von Streichen gegeben hatte: so lag er ohne Bewegung da. Man nahm ein Geschirr Wasser und goß es ihm über das Gesicht, um ihn wieder zu sich selbst zu bringen; doch es war kein Leben in ihm; und dieses befremdete unsere Richter um desto weniger, weil viele von den Angeklagten unter dieser Marter das Leben einbüssen. Steeley war wegen seines Unvermögens bey Seite geschafft; Sidne war todt, und ich erwartete, ohne mir recht bewußt zu seyn, mein Schicksal. Der boshafte Pope verlohr entweder mit dem Leben des Sidne seine Rachbegierde, oder er hielt sich von mir am wenigsten beleidiget. Er beschuldigte mich keiner Lästerungen wider den Staat, er begehrte nur, daß ich gestehen sollte, daß meine beiden Cameraden welche ausgestoßen hätten. Ich vertheidigte mich, daß ich von nichts wüßte. Man befahl, eben die Marter an mir vorzunehmen. Man legte mich auf die Erde und fragte noch einmal, ob ich nichts gehört hätte. Die Furcht vor der Pein und vor dem Tode bestürmten mich entsetzlich. Dennoch beschloß ich eher zu sterben, als durch ein falsches Bekenntniß mir das Leben zu retten und es Steeleyn vielleicht zu nehmen. Ich weis nicht, ob mein trauriger Anblick den Popen zum Erbarmen bewegte; genug, er bat für mich um Gnade und sagte, daß ich vielleicht die Lästerungen nicht könnte verstanden haben, weil ich nicht so viel Russisch könnte, als die andern beide. Man ließ mich also wieder aufstehn und brachte mich in unser Gefängniß zurück, in welchem ich Steeleyn sinnlos antraf. Ich warf mich zu ihm auf das harte Lager und umarmte ihn mit der einen Hand; denn mit der andern war ich noch geschlossen. Er sprach die ganze Nacht kein Wort und lag in einem fühllosen Schlummer. Der Morgen brach an. Ich redte auf meinen Freund und er schlug endlich zu meiner Freude die Augen auf und reichte mir die Hand. Unser Aufseher kam und erkundigte sich, ob Steeley noch lebte. Er ließ mir die Banden abnehmen und schien uns beide zu bedauern. Ich versicherte ihn bey allem, was heilig ist, daß mein Freund so unschuldig wäre, als ich. Das hilft euch nichts, sprach er. Das Zeugniß des Popen, als eines Geistlichen, gilt, und ihr seyd beide verurtheilt, nach Siberien geschickt zu werden. Gott helfe euch! ich kann euch nicht helfen, sonst muß ich alles von dem Popen befürchten. Seyd zufrieden, wenn euch die Zunge nicht aus dem Halse geschnitten wird, ehe ihr nach Siberien verwiesen werdet; denn dieses widerfährt denen, die wider den Staat, oder die Kirche gesprochen haben. Warum seyd ihr so unvorsichtig gewesen und habt den Popen beleidigt? In ein Paar Tagen wird man euch nebst andern Gefangnen nach Siberien schicken. Ich werde euch wohl nicht wieder sehn. Ich warf mich neben Steeleyn nieder, der immer noch in seiner Betäubung lag, und wenigstens itzt glücklicher war als ich, weil er sich seiner nicht mehr bewußt zu seyn schien. An Statt, daß der Aufseher mir einen Trost hätte zusprechen sollen: so foderte er für die grausame Nachricht, und für seine Dienste überhaupt, noch eine Belohnung. Ich griff in Steeleys Taschen, um für ihn etwas zu suchen; allein die Wache hatte ihm alles genommen. Da der Aufseher kein Geld mehr sah: so schien der Schatten von seinem Mitleiden zu verschwinden. Er gieng mißvergnügt fort und ließ mich in einem Zustande liegen, den ich euch nicht beschreiben kann. Ich versank in Schwermuth und Traurigkeit. Von Gott und Menschen in meinen Gedanken verlassen, und feindselig im Herzen wider beide, schlief ich schrecklicher Mensch ein, indem ich mir den Tod tausendmal wünschte. Es war viele Nächte kein Schlaf in meine Augen gekommen, und meine zerstörten und ermatteten Geister hatten eine lange Ruhe nöthig, wenn sie wieder zu sich selbst kommen sollten. Ich glaube, daß ich länger als vier und zwanzig Stunden in einem Stücke geschlafen habe. Ich erwachte und sah meinen

Freund mit aufgeschlagnen Augen neben mir liegen. Er fragte mich, wo Sidne wäre, denn er war weggeschafft worden, ehe Sidne starb. Ich konnte ihm nicht antworten. Ist er todt? ach wenn doch Gott das wollte! so wäre er glücklicher, als wir. So ist er nicht mehr in den Händen der Henker? Ich sagte ihm, daß er todt wäre. Ich fragte ihn, ob er noch große Schmerzen empfände, und er fragte mich, ob ich sie noch sehr fühlte, denn er glaubte, daß ich seine Marter ebenfalls ausgestanden hätte. Also hat man euch verschont? fieng er, nach meiner Erzählung, an. Nun bin ich doppelt zufrieden. Sidne ist todt, und ihr habt meine Qvaal nicht gefühlt. Für beides müssen wir Gott danken.

Ich konnte ihm die Nachricht von unsrer Verweisung nach Siberien nicht länger verschweigen. Ich sagte ihm, was ich von dem Aufseher gehört hatte. Er schien durch das erlittene Unglück schon so unempfindlich geworden zu seyn, daß ihn Siberien nicht mehr schreckte. Als ich aber davon anfieng, daß man uns vielleicht noch grausamer begegnen würde: so rang er die Hände. Nein, nein, schrie er, lieber den Tod, tausendmal lieber, als jenes. Wollt ihr noch leben, wenn man euch so mißhandelt? Wir überliessen uns der Wut und der Verzweiflung vom neuen. Indem trat der Aufseher in unser Gefängniß und kündigte uns an, daß man uns Morgen früh nach Siberien abführen würde. Wird man uns, rief Steeley, noch etwas mehr thun? Nein, sprach der Russe, nichts mehr, ihr seyd beide nur verurtheilt, nach Siberien zur Arbeit verwiesen zu werden. Nun schien uns das größte Elend geringe zu seyn, da wir nur hörten, daß man keine weitere Gewalt an uns ausüben wollte; und wir fanden in dem Verlußte dieser Furcht eine Art des Trostes, den uns alles andere nicht hätte geben können. Steeley wollte dem Aufseher noch eine Belohnung geben, allein sein Geld war ihm genommen. Nachdem er lange gesucht, fand er endlich noch zween Rubel. Er stund vor Freuden zum erstenmale von seinem Lager auf und sagte dem Aufseher, daß er seinen Reichthum mit ihm theilen wollte. Dieser war auch so menschlich, daß er ihm die Hälfte zurück gab. Steeley fragte darauf, wo man den todten Körper des Sidne hingethan hätte, ob er ihn nicht noch einmal sehn könnte. Der Russe antwortete, daß man ihn schon an dem Orte eingescharret hätte, wo die Missethäter begraben würden. Er liege, wo er wolle, fieng er mit einem thränenden Ungestüm an, er ist doch ein ehrlicher Mann und mein Freund: es ist ihm unrecht geschehn – – Ich rief ihm zu, daß er schweigen und sich aus Liebe zu seinem todten Freunde nicht noch unglücklicher machen sollte. Er fragte, ob es nicht noch möglich wäre, einen von seinen Landsleuten zu sprechen; aber daran war nicht mehr zu gedenken. Nunmehr nahm unser Aufseher Abschied. Wir dankten ihm unaussprechlich für seine Menschenliebe, ob wir sie gleich meistens erkauft hatten. Wir umarmten ihn und fragten ihn immer, ob es auch gewiß wäre, daß man uns nichts weiter thun würde. Er versicherte uns dieses mit dem größten Eide, den sie in ihrer Sprache haben. Wir wollten ihm noch etwas Geld geben, daß er uns zu essen schaffen sollte; denn es war wohl der dritte Tag, daß wir nichts zu uns genommen hatten. Auf einmal ward er großmüthig und sagte, daß er uns zu essen und auch ein Glas Brandtwein auf unsere traurige Reise, und Steeleyn ein Pflaster über den Leib bringen wollte, welches ihm gute Dienste thun würde. Er hielt sein Wort und brachte uns, was er uns versprochen hatte. Wir assen den Abend ziemlich ruhig und ergaben uns in alles, was uns begegnen würde, weil wir sicher waren, daß uns fast nichts schrecklichers begegnen konnte, als was wir schon ausgestanden hatten. Der Schmerz, den Steeley noch in dem Leibe fühlte, minderte sich durch das empfangne Pflaster. Der Morgen brach an, ohne daß wir geschlafen hatten, und man foderte uns zur Reise auf. Der Aufseher empfahl uns dem Officier, der uns zu den übrigen acht Gefangnen führte, welche mit uns nach Siberien sollten gebracht werden, und welche, wie ich nachdem erfuhr, meistens vornehme Russen und wegen der Rebellion verdächtig waren. Wir wurden alle zehn auf zwey Fahrzeuge vertheilt, und ich hatte gleich das Unglück, daß man Steeleyn von mir trennte und auf den andern Wagen wies. Mehr hatte zu meinem Elende nicht gefehlt. So wie wir auf einer Station ankamen, mußten wir auch wieder fortgebracht werden, also kam Steeley niemals zu mir, und ich habe auf dem ganzen Wege nichts, als einzelne Worte, mit ihm sprechen können. Drey von meinen Gefährten waren Russen, und ihre Herzen waren so wild, als ihre Gesichter. Ihr Unfall machte ihre Gemüther nur mehr erbittert, und sie schämten sich, daß sie, als Rußische Knees, mit einem Schweden und einem Franzosen, denn dieses war mein vierter Gefährte, ein gleiches Unglück theilen sollten. Der Franzose, der Major gewesen war, und sich unglücklicher Weise seinem Obersten mit dem Degen widersetzt hatte, ward bald mein Vertrauter, und wir waren um desto glücklicher, weil die Russen kein Französisch verstunden. Er hatte die edlen Meinungen einer guten Erziehung im Felde nicht verlohren; und so unterschieden seine Gemüthsart von der meinigen war: so machte uns doch das Unglück schon halb zu Freunden. Er hatte ein von Natur ehrliches Gemüth, und das Mißtrauen, das ich anfangs bey ihm merkte, verlohr sich völlig, da er mein Herz kennen lernte. Ich bildete ihn auf unserm elenden und beschwerlichen Wege so, wie ich ihn haben wollte, und wie er seyn mußte, wenn er mir Steeleys Verlust einiger massen ersetzen sollte. Je näher wir Siberien kamen, desto unfreundlicher wurden wir an denen Orten aufgenommen, wo man uns weiter fortschaffen mußte. Wir achteten die Niederträchtigkeiten, ich und Remour, so hieß der Franzose, kaum mehr, mit denen man uns begegnete. Wir bleiben doch rechtschaffene Leute, sprach der Major immer zu mir, wenn uns gleich der Pöbel verunehrt. Er, ich, und die vornehmen Russen, wir waren einer so arm, als der andre; und wenn wir auch etwas gehabt hätten: so würde uns doch der Pöbel, oder unsere eigene Bedeckung nichts gelassen haben; so feindselig geht man mit denen um, die das Unglück haben, nach Siberien bestimmt zu seyn. Wir hatten nichts als trocknes Brodt, und auch damit waren wir zufrieden. Die Kälte quälte uns am meisten. Niemand empfand sie mehr als der arme Steeley an seinem mißhandelten Körper. Nach ungefehr sechs oder sieben Wochen kamen wir in Tobolskoy an, wohin wir verwiesen waren. Wir fanden, daß ichs kurz sage, hier alles, was eine Gegend fürchterlich und das Leben eines ins Elend Verwiesenen traurig machen kann. Wir wurden dem Gouverneur vorgestellt und ich hatte das Unglück von meinem lieben Steeley getrennt zu werden; doch blieb mir Remour. Der Gouverneur legte uns allen nach der eingeführten Gewohnheit einerley Schicksal auf, nämlich die elende Beschäftigung, Zobel zu fangen, deren Felle an den Russischen Hof geliefert werden. Stellt euch vor, was ein Mann von meinem Stande und von meiner Gemüthsart fühlen muß, der sich zu der niedrigsten Verrichtung verdammet sieht, der mit stumpfen Pfeilen in den Wäldern herumirren und Zobel erlegen, oder sie mit Fallen fangen, und unter den Befehlen solcher Menschen stehen muß, die nicht viel vernünftiger, und oft grausamer, als Thiere sind. Wenn nicht die größte Plage durch die Länge der Zeit etwas von ihrer Last verlöre; wenn nicht die größten Beschwerlichkeiten dem Körper endlich zur Gewohnheit würden, oder, daß ich mehr sage, wenn Gott denen, die ohne ihre Schuld unglücklich sind, nicht selbst ihr Schicksal durch ihre Unschuld und durch die geheimen Vergnügungen eines guten Gewissens in gewissen Stunden erleichterte: so würde mein Zustand in Siberien ein Stand der Verzweiflung gewesen seyn. So elend jeder Tag verstrich: so fand ich doch wenigstens alsdann eine

Beruhigung, wenn ich meinen Remour sehn und sprechen, und das, was mir begegnet war, und auch das, was ich ihm schon hundertmal gesagt hatte, in seine Seele ausschütten konnte. Ein Sclave zu seyn, bleibt allemal das größte Unglück; allein einen Freund in diesem Elende zum Gefährten zu haben, ist zugleich die größte Wohlthat. Eine Umarmung, ein Wort, ein Blick von ihm, alles ist ein Trost, der sich nicht ausdrücken läßt, alles ist Mitleiden; und was sucht ein unglückliches Herz, das der Nothwendigkeit elend zu seyn unterworfen ist, mehr, als Mitleiden? Ich würde undankbar gegen mein Schicksal seyn, wenn ich, da ich euch mein Ungemach erzähle, nicht auch der kleinen Annehmlichkeiten gedächte, die der Elendeste noch in seinen Umständen zuweilen empfindet. Die Natur der Dinge scheint sich, den Unglücklichen zu gefallen, oft zu verändern; und das, was mir im Glücke eine Betrübniß gewesen seyn würde, ward mir im Unglücke ein Trost. Ich habe, seit dem ich so glücklich bin, weniger ein Sclave zu seyn, diesen Spuren der Vorsehung oft mit tiefer Ehrfurcht, obgleich mit einem innerlichen Schauer, nachgedacht. Vielmal habe ich, wenn ich der Verzweiflung am nächsten war, und in der Ferne einen andern Verwiesenen erblickte, in diesem Anblicke einen Trost gefunden. Der Tod selbst, der uns sonst so schrecklich scheint, ist mir tausendmal zur Wollust geworden, und der Gedanke von ihm, der uns sonst niederschlägt, hat mich unter der Last, unter der ich seufzte, recht göttlich aufgerichtet. Ich bin in der Vorstellung, daß ich in dieser oder jener Nacht vielleicht sterben könnte, oft so freudig eingeschlafen, als ob ich alles hätte, was ich wünschte. Und wenn ich um und neben mir kein Vergnügen erblicken konnte: so brachte mir die Religion doch oft die Freuden aus einer andern Welt herüber. Nachdem ich also drey Jahre in einer vollkommenen Knechtschaft zugebracht, und, gleich den andern Gefangnen, mir das Brodt aus den Händen meiner Gebieter durch eine gewisse bestimmte Anzahl der Thiere, die wir fiengen, erkaufen müssen: so ereignete sich die Begebenheit mit dem Pohlnischen Juden. Dieser dankbare Mann, wie ich euch schon erzählt habe, hat mich durch seine Vorbitte bey dem Gouverneur und durch sein erlegtes Geld von der Arbeit befreyet. Er hat es nach und nach so weit gebracht, daß ich in ein lichter und geraumer Behältniß gekommen bin. Sobald ich dieses nur hatte: so suchte er mir meine Gefangenschaft noch mehr zu erleichtern. Er brachte mir ein beqvemes Kleid und entriß mich dem groben und wilden Anzuge, in welchem ich nun schon so lange gegangen war. Schreckliches Kleid, das noch hier vor meinen Augen hängt und mich an das vorige Unglück erinnert! Er brachte mir allerhand Decken und Pelzwerke zum Schlafen, wiewohl mich diese Anfangs nur an dem Schlafe hinderten. Eine lange Gewohnheit, hart zu liegen, hatte sie fast unnütz für mich gemacht. Er besuchte mich oft, und niemals, ohne mir eine Gutthat zu erweisen. So sehr mein Zustand von dem vorigen unterschieden war: so war er mir doch nicht angenehm genug, weil ich ihn nicht mit Steeleyn oder mit Remourn, theilen konnte. Von Steeleyn hatte mein Wohlthäter auf mein Bitten die Nachricht eingezogen, daß er nach Pohem, vierzehn Tagereisen von Tobolskoy, gebracht worden wäre, ob er aber noch lebte, das konnte ich nicht erfahren. Der Jude hatte mir ein Geschenk von ein Duzend Dukaten gemacht, damit ich in seiner Abwesenheit etwas zu meiner Versorgung hätte. Ich wagte es und bat ihn, daß er drey davon Remourn überbringen, oder ihm einige Erquickungen dafür schaffen möchte, die übrigen hub ich in Gedanken für Steeleyn auf. Er that es, und das war nicht genug: er brachte es noch denselben Tag dahin, daß Remour etliche Stunden zu mir gelassen wurde. Ich theilete mein Herz mit ihm und alles, was ich hatte. Ich hoffte dieses Vergnügen noch mehrmal zu geniessen; allein er ward darauf krank und starb; und ich erhielt nicht eher, als etliche Stunden vor seinem Tode die Erlaubniß ihn zu besuchen, da er kaum noch etliche Worte stammeln konnte. Der Jude setzte, wie er mir versprochen hatte, seine Besuche fleißig fort. Er gab mir allerhand Anschläge, allerhand Nachrichten von dem Gouverneur, und sagte mir, daß er bey dem Zaar in grossen Gnaden stünde, daß er mit ihm in Deutschland gewesen wäre, daß seine Gemahlinn aus Curland gebürtig und eine Vertraute der Catharina gewesen sey. Er erzählte mir ferner, daß der Gouverneur ein grosser Liebhaber vom Bauen wäre, und daß ich, wenn ich etwas von der Baukunst verstünde, mir vielleicht gar seine Gnade erwerben würde. Dieß war mir eine sehr angenehme Nachricht. Ich sagte ihm, daß ich zeichnen und Risse zu Gebäuden machen könnte, und wenn er mir die nöthigen Sachen schaffte, so würde ich wenigstens eine Beschäftigung in meiner Einsamkeit mehr haben. Er that es, und ich übte mich einige Wochen. Sobald ich einen nicht ungeschickten Riß fertig hatte: so trug ihn der Jude zum Gouverneur. Den andern Tag wurde ich schon zu ihm geholt. Er verstund zu meinem Glücke etwas von der Baukunst, und würdigte mich, als mein Befehlshaber, etlicher freundlichen Minen und unterredte sich mit mir bald auf deutsch, bald im gebrochnen Latein. Er erschrack, dass ich so fertig Latein sprechen konnte, und von diesem Augenblicke an schien er mich zu bedauern. Wenn es bey mir stünde, sprach er, so wollte ich euch die Freyheit schenken; allein ihr seyd auf zeitlebens nach Siberien verbannet, und ich kann nichts thun, als euch eure Gefangenschaft erträglicher machen. So lange ich lebe, soll euch alle Arbeit der Gefangnen erlassen seyn, ohne daß der Jude etwas weiter für euch bezahlt. Seyd ihr damit zufrieden? Ich bedankte mich sehr ehrerbietig und sah ihn beweglich an. Ihr könnt leicht denken, warum ich ihn nunmehr bat. Ich nahm alle meine Beredsamkeit zusammen, um ihn zu bewegen, daß er einem Freunde von mir, der zugleich mit mir nach Siberien verwiesen worden, und Steeley hiesse, eben die Großmuth erzeigen sollte, die er mir erwiesen hätte. Ihr bittet mehr, fieng er an, als mir zu thun frey steht. Ich will mich entschliessen. Itzt könnt ihr gehn und mir den Riß von dem Gebäude machen, von dem ich mit euch gesprochen habe. Indem er dieses noch sagte, trat ein sehr schönes Frauenzimmer mit einer viel versprechenden und großmüthigen Mine in das Zimmer. Wartet, rief er mir zu. Hier, meine Gemahlinn, fuhr er fort, ist der unglückliche Schwede, von dem ich euch neulich gesagt habe. Wenn es euch gefällt, so könnt ihr selbst mit ihm reden, und ihm etwas zu essen reichen lassen. Ich will ein Paar Stunden auf die Jagd reisen. Er gieng fort, und seine Gemahlinn redte auf eine sehr liebreiche Art mit mir, und sagte, daß sie Ursache hätte, an meinem Unglücke Theil zu nehmen, weil ich, wie sie hörte, ein halber Landsmann von ihr wäre. Sie that tausend Fragen an mich und belohnte meine Erzählungen mit einer mitleidigen Aufmerksamkeit und mit einer Höflichkeit, die mir alle Furcht benahm, frey und edel mit ihr zu reden. Nichts hörte sie lieber als die vortheilhaften Beschreibungen, die ich ihr von euch machte, und die Wünsche, euch, meine Gemahlinn, wieder zu sehn. Ich bedaure sie, fieng sie an, nachdem sie wohl zwo Stunden mit mir gesprochen hatte; und ich würde ihren Verdiensten ein besser Schicksal anweisen, wenn ich dem Hofe näher wäre. Vielleicht ist es möglich, daß ich mit der Zeit noch etwas zur Rückkehr in ihr Vaterland beytragen kann. Die ausnehmende Liebe, die sie wider die Gewohnheit ihres Geschlechts für ihre Gemahlinn haben, und ihr Unglück sind genug, mich zu ihrer Freundinn zu machen, und ich kann ihnen meine Hochachtung nicht entziehn, wenn gleich ihre Gebieter ihnen als einem Sclaven begegnen. Gefällt ihnen mein Mitleiden: so beruhigen sie sich damit in einem Lande, wo die Barbarey die Stelle der Tugend zu vertreten scheint. Ich würde diesen Mittag mit ihnen speisen, wenn ich meinem Willen folgen dürfte. Darauf langte sie von der Tafel, die schon gedeckt war, eine Flasche Wein, und trank mir eure Gesundheit zu. Ich ward von ihrer Großmuth bis zu den Thränen gerühret, und es war mir unmöglich, ihr meinen wahren Nahmen länger zu verschweigen. Ich warf mich zu ihren Füssen. Madam, fieng ich an, sie verdienen, daß ich ihnen auf den Knien für die Freundschaft danke, die sie mir Unglücklichen schenken. Ich muß ihnen alles sagen, wenn auch mein Bekenntniß mit der Gefahr meines Lebens verknüpft seyn sollte. Alles ist wahr, was ich ihnen erzählt habe, allein ich heisse nicht Löwenhoek. Nein, ich bin der Graf von G** und ich bitte sie bey ihrer edlen Seele und bey meiner Gemahlinn, meinen Namen nicht zu entdecken. Sie hob mich freundlich auf, und ich erzählte ihr mein Unglück bey der Armee. O Gott! rief sie, sind sie der Graf von G**? Mein Gemahl hat ihren Vater als Gesandten in Moskau gekannt. Unglücklicher Graf! Sagen sie ihm ja nichts davon. So viel ich Ursache habe mit seiner Aufführung gegen mich zufrieden zu seyn: so hat er doch gegen andere ein hitziges und rachgieriges Herz, und wie bald könnte es nicht geschehn, daß sie ihn wider ihren Willen beleidigten. Begegnen sie ihm ja allezeit mit einer tiefen Unterwerfung, und alsdann am allermeisten, wenn er am gnädigsten mit ihnen umgeht, ausserdem stehn sie in der Gefahr, noch weit mehr zu erfahren. Er liebt das Geld, und es wird gut für sie seyn, wenn ihm der Jude von Zeit zu Zeit ein Geschenk macht. Ich habe kein Geld, fuhr sie fort, um ihnen zu dienen: allein ich habe Juwelen, von denen mein Gemahl nichts weis, davon will ich ihnen einige holen. Der Jude ist ein ehrlicher Mann und wird ihnen doch wenigstens die Hälfte so viel dafür geben, als sie werth sind; allein ich wollte es nicht gern, daß sie ihm sagten, von wem sie solche bekommen hätten. Sie brachte mir darauf zwo goldne Einfassungen, die wie ich muthmaßete, von ein Paar Portraits abgenommen waren. Sie waren mit kostbaren Steinen besetzt. Nehmen sie, sprach sie, dieses Geschenk als einen Beweis an, daß es mir nicht an dem Willen fehlt, ihr Elend zu mindern. Ich zweifle, daß ich iemals wieder die Gelegenheit erhalten werde, sie allein zu sprechen: darum wiederhole ich ihnen mein Mitleiden und meine Hochachtung, und bitte sie, in mir auch alsdann ihre Freundinn zu erkennen, wenn ich genöthigt seyn werde, die Person einer Gebieterinn anzunehmen. Begeben sie sich nunmehr wieder in ihren einsamen Auffenthalt. Ich will sehn, ob ichs bey meinem Gemahle so weit bringen kann, daß ihr Freund, von dem sie mir erzählt haben, zu ihrer Gesellschaft hieher verlegt wird. Gewiß kann ichs ihnen nicht versprechen. Gehn sie und leben sie wohl, armer Graf! Ich kehrte als im Triumpfe zurück, und hielt mich nunmehr unter den Händen der Barbaren für geehrt und glücklich; so sehr erfüllte das Mitleiden dieser so großmüthigen Seele mein Herz mit Hoheit und Hoffnung. Mein Jude besuchte mich den Tag darauf. Und ehe ich ihm erzählte, wie ich von dem Gouverneur aufgenommen worden: so sagte ich ihm, daß ich so glücklich gewesen wäre, in dem alten Kleide meines verstorbenen Freundes, das er, da er bey mir war, zurück ließ, weil ich ihm ein neues gab, und das ich itzt vor mich hingelegt hatte, einige Kostbarkeiten zu finden, wodurch ich ihm vielleicht die Kosten ersetzen könnte, die er als mein Freund für mich zeither aufgewandt hätte. Er betrachtete die beiden Einfassungen mit Erstaunen und schien mein Vorgeben zu glauben. Das sind fürstliche Kostbarkeiten, fieng er an, und ich kann euch meine Aufrichtigkeit nicht besser beweisen, als daß ich euch sage, daß sie fünf bis sechs tausend Thaler werth sind. Wollt ihr mir sie anvertrauen: so will ich sie euch bey einem Juden, der Steine einkauft, verhandeln. Ein Mann, sprach ich, der mir so viel Gutes erwiesen hat, wie ihr, verdient das größte Vertrauen. Allein, versetzte er, was wollt ihr mit so vielem Gelde anfangen? Man könnte es euch über lang oder kurz nehmen. Wißt ihr, was ich machen will?

Ich will das Geld, das ich dafür bekomme, bey einem Juden, der hier wohnhaft ist, niederlegen; er soll euch nicht um einen Groschen betriegen. Ich will ihm, und wenn ich binnen acht Tagen wieder zurück nach Polen reise, auch dem Gouverneur sagen, daß ich euch als dem Erhalter meines Lebens so und so viel zu eurer Versorgung, und wenn es möglich wäre, zu eurer baldigen Befreyung zurückgelassen hätte. Kurz, ich war alles zu frieden. Er verkaufte die Juwelen für fünftausend Thaler und brachte mir tausend baar und das Uebrige durch eine Anweisung mit. Ich bot ihm für seine treuen Dienste zweyhundert Thaler an; allein er nahm sie unter keiner andern Bedingung, als daß er sie bey seiner Abreise dem Gouverneur schenken wollte, damit er mir günstig bliebe. Dieß ist geschehn. Er hat mir durch meinen lieben Juden versprechen lassen, daß ich Steeleyn gewiß zu mir bekommen sollte, zumal wenn er auch etwas von der Baukunst verstünde. Der Jude selbst steht nunmehr im Begriffe fortzureisen. Ich verliere sehr viel an diesem treuherzigen Manne; doch ich will ihn gern verlieren, wenn er das Werkzeug ist, durch den ihr von mir und ich von euch eine Nachricht erhalte. Er kennt meinen wahren Stand, und er hat mirs auf die heiligste Art versprochen, weder mich zu verrathen, noch zu ruhn, bis er euern Aufenthalt in Liefland ausfündig gemacht. In dieser letzten Absicht hat er hundert Thaler zu Reisekosten von mir angenommen. Er kömmt, der ehrliche Mann, und will Abschied nehmen und seinen Brief haben. Ich umarme euch, wo ihr auch seyd, mit der treusten Liebe. Möchten doch meine Umstände so bleiben, wie sie itzt sind! so hoffe ich noch, euch wieder zu sehn und alle mein ausgestandnes Elend in euern Armen zu vergessen. Bittet den Himmel um diese Glückseligkeit. Ja, meine liebste Gemahlinn, er wird sie uns noch schenken.

P. S. Ich habe, weil Steeley noch nicht zugegen ist, an seinen Vater nach London, und auch an den Englischen Gesandten nach Stockholm geschrieben, und unter dem Namen Löwenhoek beiden von meines Freundes neuem Unglücke Nachricht gegeben.

* *
*

Dieses sind die beiden Briefe, die mein Gemahl in seiner Gefangenschaft an mich geschrieben. Er hat von dem Abgange des letzten Briefs an, ungefehr noch anderthalb Jahre in Siberien zugebracht. Ich will das übrige so erzählen, wie er mirs mündlich erzählet hat.

Einige Wochen nach des Juden Abreise, sprach er, ward ich zum Gouverneur geholt. Ich übergab ihm mit vieler Demuth den Riß, den er mir zu machen befohlen hatte. Er war ziemlich wohl damit zufrieden; allein er war doch der Gouverneur und ich sein Gefangner. Kurz, er schämte sich, mir eine Art der Hochachtung äusserlich sehn zu lassen, die er mir vielleicht im Herzen nicht ganz abschlagen konnte. Er fragte mich, ob mir der Jude so und so viel Geld zurückgelassen hätte und ich beantwortete es mit Ja. Darauf befahl er, daß der Gefangene hereintreten sollte; dieses war mein lieber Steeley, den ich fast seit vier Jahren nicht gesehen hatte. Ich vergaß vor Freuden, daß ich vor dem Gouverneur stund, und lief auf Steeleyn mit offnen Armen zu. Er soll euer Gesellschaffter seyn, fieng der Gouverneur an; allein wie lange, das kann ich euch nicht sagen. Ich verstund diese Sprache, und bat, ob er sich nicht wollte gefallen lassen, daß ich tausend Thaler zum Unterhalte meines Freundes erlegen dürfte. Er sagte, daß er sie zum Pfande, daß wir seine Gnade nicht mißbrauchen würden, annehmen wollte. Der Jude, von dem ich die Anweisung bey mir hatte, ward gefodert, und bezahlte die tausend Thaler. Er erhielt zugleich die Erlaubniß, mich an Statt des abgereisten Juden zu besuchen und mich mit dem Nothwendigen zu versehen. Nunmehr durfte ich an der Hand meines Steeleys, der noch wie in einem Traume war, und nichts als etliche abgebrochne Worte zu mir gesprochen hatte, nach meinem Behältnisse eilen. Unsere erste Beschäftigung, als wir allein waren, bestund darinn, daß wir einander eine lange Zeit ansahn, ohne ein Wort zu sprechen. Alsdann suchte ich ihm Wäsche und eine Kleidung, womit mich der Jude noch vor der Abreise versorget hatte; allein er war nicht vermögend vor trunckner Freude sich allein anzukleiden, ich mußte ihm helfen. Er sah die Sachen, die ich ihm gab, recht mit Erstaunen an, als ob er ihren Gebrauch vergessen hätte. Da er endlich umgekleidet war: so betrachtete er sich mit unersättlichen Augen und weinte. Ich hatte ihn schon oft gefragt, wie es ihm gegangen wäre; und er hatte mir nichts geantwortet, als: wie es mir gegangen ist, mein lieber Graf, wie es mir gegangen ist? Ja, ich würde ihm, ungeachtet meiner Neugierigkeit doch nicht haben zuhören können, wenn er mir auch meine Fragen beantwortet hätte, so bestürmt war ich von den Trieben der Freundschaft und der Freude. Ich reichte ihm ein halbes Glas Wein, denn mehr hatte ich nicht, und erinnerte ihn, wie er mich einmal in Moskau damit tractiret hatte. Wir wurden nach und nach unser mächtig. Wir hatten einander so viel zu erzählen, daß wir nicht wußten, wo wir anfangen sollten. Unter diesen Unterredungen verstrichen ganze Tage und Nächte und eben so viele unter den Wiederholungen unserer Begebenheiten. Steeley hatte in seinem Elende weit mehr erlitten, als ich. Ohne Mitleiden, ohne Freund war er die ganze Zeit ein Sclave, und was noch mehr ist, ein Gefährte des boshaften Mitgefangnen, des Knees Eskin, gewesen. Dieses Ungeheuer hatte ihm seine Hütte des Abends zur Hölle gemacht, wenn er den Tag über die Last der Sclaverey überstanden. Von tausend niederträchtigen Streichen, vor welchen die Natur erschrickt, will ich nur einen erzählen. Steeley war krank worden und hatte sich etliche Tage nicht von seinem Lager aufrichten können. Er hatte sich also genöthigt gesehn, da Eskin des Abends aus den Wäldern zurück gekommen, ihn zu ersuchen, daß er ihm das Gefäß mit Wasser reichen möchte, weil ihm sehr durstete. Also durstet euch recht sehr? spricht Eskin. Das ist mir lieb. Es hat mich vielmal auch gedurstet, und ihr seyd gegen einen Fürsten doch nur ein Nichtswürdiger. Darauf nimmt er das Trinkgeschirr und trinkt, und alsdann wirft ers Steeleyn vor die Füsse und lacht: da so viel gehört euch! Braucht man wohl mehr zur Verzweiflung, als so einen Unmenschen um sich zu haben? Nach einer Zeit von einem Jahre, und nach unzähligen Beleidigungen, wird dem Eskin, der sich gegen einen von seinen Aufsehern in der Raserey vergangen, so übel mit gefahren, daß man ihn halb todt in sein Behältnis schleppen muß. Man entzieht ihm zween Tage das Brodt; aber Steeley ist so großmüthig und theilet das seinige mit ihm. Er reicht ihm, so oft er kann das Trinken. Er wäscht ihm so gar die Wunden aus; und damals hat ihm der Russe die Hand gedrückt und zu ihm gesagt: vergebt mirs, daß ich nicht eben so an euch gehandelt, als ihr an mir thut. Er hat ihm nach diesem weniger Verdruß angethan. Sein ganzes Glück, das ihm in seiner Abwesenheit von mir begegnet ist, besteht in einer kleinen Freundschaft, die ihm ein Cosakisches Mädchen in dem letzten Jahre vor seiner Zurückkunft nach Tobolskoy erwiesen. Sie beweist, daß es auch unter dem wildesten Volke noch edle und empfindliche Herzen giebt. Steeley war eines Tages auf seinem Reviere um Pohem so glücklich gewesen, die gesetzte Zahl seiner Zobel bald zu fangen. Auf dem Rückwege nach der Stadt hatte er sich, um auszuruhen bey einer Quelle niedergeworfen. Darauf kömmt ein wohlgebildetes Mädchen zu ihm und sieht ihn lange starr an. Endlich setzt sie sich nieder und trinkt mit der holen Hand aus der Quelle. Armer Fremdling, fängt sie an, wollt ihr nicht auch trinken? Steeley sagt, daß ers schon gethan hätte. Aber, spricht sie, wollt ihr denn nicht einen

Trunk Wasser aus meiner Hand annehmen? Thut es doch, ihr dauert mich, so oft ich euch gehn sehe, und ich bin nicht hieher gekommen, um zu trinken, sondern um euch dieses zu sagen. Steeley erschrickt, und weis selbst nicht, was er sagen soll. Ach, fährt sie fort, ihr wollt mir nicht antworten? Nun dauert michs, daß ich euerntwegen hieher gegangen bin. Wartet nur, ich will nicht wieder kommen. Er sieht sie darauf traurig an, und sagt, daß er ihr für ihr Mitleiden recht sehr verbunden wäre, und reicht ihr zur Dankbarkeit die Hand. Diese drückt sie bald an den Mund, bald an die Brust. Sie spielt mit seinen schwarzen Haarlocken und wiederholt ihre Liebkosung auf zehnerley Art. Er will nunmehr fortgehn. O, spricht sie, wartet doch, ich kann mich an euch gar nicht satt sehn. Ich wollte, daß alle Männer in diesem Lande so aussähen, wie ihr, alsdann würde es recht hübsch in Siberien seyn. Und wenn ihr ja gehn müßt, werdet ihr euch nicht bald wieder hieher setzen? Ich habe euch so viel zu sagen, und ich weis nicht, was es ist. Ich wußte es, ehe ich zu euch kam, und nun habe ichs über euren Haaren vergessen. Indem sieht sie in die klare Quelle und sieht ihr Bild darinn. Aber sagt mir nur, spricht sie, sehe ich denn wirklich so, wie hier im Wasser? Ich habe ja auch schwarze Augen, wie ihr. Eure gefallen mir, gefallen euch denn meine auch? Sind meine Zähne auch so weiß, wie eure? Ja, spricht er, ihr seyd schön; aber laßt mich gehn, ich bin ein unglücklicher Mensch. Darauf geht sie mit thränenden Augen fort. Als Steeley den andern Morgen wieder in sein Revier geht: so sitzt sie schon an der Quelle und wartet auf ihn. Sie nöthigt ihn, daß er sich niedersetzen und ein Stück Honig und Brodt aus ihrer Hand essen muß. Seht ihr, spricht sie, ich ässe gern selbst; aber ich gönne es euch doch noch lieber. Und hier habe ich euch auch etliche Zobel mitgebracht, womit mich meine Liebhaber beschenkt haben. Nun habt ihr den ganzen Tag nichts zu thun. Sie sollen mir nun alle Tage welche schenken müssen, und ich will sie euch bringen. Seht mich doch freundlich an. Ihr hört ja, wie gut ichs mit euch meyne. Sie spielt darauf wieder ganz bescheiden mit seinen Haaren, und bittet um eine Locke, und zeigt ihm eine Scheere, die sie zu dieser Absicht mitgebracht. Steeley, dem die treuherzige und doch ehrbare Liebe dieser wilden Cosakinn nicht mißfällt, erlaubt ihr diese Bitte. Sie belohnt ihn durch etliche freywillige Küsse und zeigt ihm von fern eine Hütte, welches die Hütte ihres Vaters wäre. Darauf nimmt sie ein Blatt von einem Baume und bläßt. Nunmehr wird mein Bruder kommen. Ich hatte ihn bestellt. Wenn du mir die Locke nicht im guten gegeben hättest, so hätten wir dich dazu gezwungen. Fürchte dich nicht, er ist wie ich, er thut dir kein Leid. Siehst du, spricht sie, da der Bruder, ein Mensch mit einem ehrlichen wilden Gesichte, näher kömmt, das ist der Fremdling, dem ich so gut bin. Betrachte ihn nur, und sag es ihm, wie oft ich von ihm mit dir rede. Zeige ihm doch die Gegenden, wo er mit leichter Mühe die Zahl von Zobeln zusammen bringen kann. Ich will auch alles für dich thun. Suche mir hier in der Nähe eine Höle, oder einen Baum aus, wo ich dem armen Fremden künftig etwas Honig und Fisch und Brodt hineinlegen kann. Der Bruder verspricht es ihr, und geht mit Steeleyn fort, und weist ihm verschiedene Vortheile, und auch einen Ort, wie ihn seine Schwester verlangt hatte. Diesen hat sie zur Vorrathskammer von ihren kleinen Wohlthaten gemacht, oder Steeleyn vielmehr entweder des Morgens, oder des Abends, da erwartet. Sie ist oft ganze halbe Tage bey ihm geblieben, und alsdann hat ihr Bruder ihres Liebhabers Arbeit verrichten müssen. Da Steeley das vortreffliche Herz seiner Schönen wahrgenommen: so hat er sich alle Mühe gegeben, sie zu bilden, und ihre edlen Empfindungen von den rauhen Eindrücken ihrer Erziehung zu reinigen. Sie hat, durch die Liebe ermuntert, im kurzen seine Meynungen und seine Sitten angenommen und so viel Verstand bekommen, daß er sich keine

Gewalt mehr hat anthun dürfen, ihr gewogen zu seyn. Allein dieses Vergnügen hat für beide nicht lange gedauret, weil Steeley nach drey Monaten nebst etlichen andern Gefangnen in eine andre Gegend zwanzig Werste von Pohem verlegt worden. Von da ist er nachdem nach Tobolskoy abgerufen worden, und hat also seine Freundinn nie wieder gesehn.

Wir richteten, da wir nunmehr wieder beysammen waren, unsre Lebensart so gut ein, als es unsre Umstände zuliessen. Der Gouverneur hatte mir ein Reiszeug gegeben und ich mußte durch meine kleine Kenntniß, die ich in der Mathematik hatte, seine Gewogenheit zu behaupten suchen. Ich unterwies Steeleyn in dem, was ich von diesen Dingen wußte, und da er die Rechenkunst, die ihm sein eigener Vater beygebracht, noch sehr gut verstund: so war er in einem halben Jahre in allen diesen Uebungen so geschickt, als ich. Wir arbeiteten also um die Wette, und der Gouverneur würde uns keine grössere Strafe haben anthun können, als wenn er uns befohlen hätte, diese Beschäftigung nicht zu treiben und müssig zu seyn. Allein er ließ es uns nicht an Arbeiten fehlen. Er gab uns Rechnungen, er gab uns tausend alte Risse, die wir abcopiren mußten; und ich glaube, daß kein verfallenes Schloß in Siberien und ganz Moskau mehr war, das wir nicht abgezeichnet haben. Er ließ uns zwar nicht zu sich kommen; allein er besuchte uns fast alle Wochen selbst einmal. Wir belohnten diese Gnade mit der möglichsten Demuth, und er belohnte sich für seine Herablassung dadurch, daß er alles besser wußte als wir, und uns unmittelbar nach einem zu freundlichen Worte, das ihm entwischt war, einmal gebietrisch anfuhr. Steeley, so sehr ihn sonst der Geist des Widerspruchs und der Stolz seiner Nation belebt hatte, war itzt viel gelaßner. Er schwieg, sobald ihn der Gouverneur tadelte; allein damit war dieser nicht allemal zufrieden. Nein, Steeley mußte reden und ihm in der unwahrsten Sache Recht geben. Dieses ward ihm sehr sauer, und er that es mit einer so gezwungnen Art, daß ihm oft der Schweis darüber ausbrach, und daß ich würde haben laut lachen müssen, wenn wir an einem andern Orte, als in Siberien, gewesen wären. Einsmals traf er uns an, daß wir Schach spielten. Steeley hatte die Steine mit dem Messer geschnitzt, und sie waren freylich nicht gar zu sauber gemacht. Der Gouverneur besahe sie, und hielt ihm eine lange Rede, daß keine Symmetrie und keine Sauberkeit darinn zu finden wäre. Mein Freund gab es gern zu, und entschuldigte sich, daß er keine Instrumente gehabt hätte. Aber das half alles nicht. Wenn sie recht schön seyn sollten, sprach der Gouverneur: so müßten sie seyn, als wenn sie gedrechselt wären, und ihr seht doch wohl, daß sie nicht so sind, daß sie hier zu viel, dort zu wenig, mit einem Worte, grob und schlecht geschnitten sind. Dergleichen Anmerkungen konnte er ganze Stunden fortsetzen, und Steeley zitterte auf die letzt vor dem Besuche dieses gebietrischen Pedanten. Er setzte sich oft, wenn wir zeichneten, neben uns, und stopfte sich eine Pfeife von unserm Tabacke ein. Wenn er ihn endlich mit vielem Appetite aufgeraucht hatte: so warf er die Pfeife hin, und that einen grossen Schwur, daß unser Taback nicht das geringste taugte. Zuweilen pries er uns seine Wohlthat, daß er uns die ordentlichen Arbeiten erlassen hätte, und nöthigte uns dadurch, ihn demüthig zu bitten, daß er uns nicht wieder den andern Sclaven gleich machen möchte. Oft kam er in dem größten Zorne zu uns und fluchte auf die Gefangnen, ohne zu sagen, was geschehen war, und wir mußten seine unsinnige Hitze mit Ehrerbietung anhören. Ob wir ihm nun gleich unsere verbesserten Umstände zum Theil zu danken hatten: so war er doch bey allen unsern Vortheilen noch unser beständiges Schrecken. Wir kannten seine unmäßige Gemüthsart und mußten alle Tage fürchten, daß es ihm einfallen könnte, uns von einander zu trennen, und wieder unter die andern Gefangnen zu stecken. Um diesem Unglücke zu entgehn, ließ ich ihm durch den Juden, der mein Geld in den Händen hatte, ein klein Geschenk nach dem andern machen.

Ein Jahr war verflossen, seit dem Steeley wieder bey mir lebte. Ich hoffte nun von einem Tage zum andern auf Briefe von euch, weil der Jude, dem ich den meinigen mitgegeben, nach Tobolskoy handelte, und mir also leicht eine Antwort übermachen konnte; allein ich hoffte vergebens. Steeley hatte ebenfalls binnen dieser Zeit nach London, und an den Englischen Gesandten nach Schweden, geschrieben, und keine Antwort erhalten. Die Gemahlinn des Gouverneurs hatte ich seit der Zeit, da sie mir das großmüthige Geschenk gemacht, mit einem Worte, seit dem ersten male nicht wieder gesehn. Alles dieses machte uns niedergeschlagen; und ie erträglicher unsere Gefangenschaft war, desto mehr meldete sich der Wunsch in uns, ihrer gar los zu seyn. Und mit was für Rechte konnten wir dies hoffen, da der Krieg mit den Russen und Schweden noch immer fortdauerte? Ich stand eben um die Mittagszeit mit Steeleyn an unserm kleinen Fenster, als ich den Juden mit schnellen Schritten über den Hof durch den tiefsten Schnee laufen sah. Er pflegte um diese Zeit nie zu kommen, und ich schloß aus seiner freudigen Mine, daß er mir einen Brief von seinem Correspondenten, dem Pohlnischen Juden, bringen würde. Er brachte mir auch einen Brief, aber von der Gemahlinn des Gouverneurs. Sie schrieb mir folgendes. Der Graf las mir darauf einen Brief, den ich noch besitze. Ich will ihn hier einrücken.

Mein Herr,
Ich melde Ihnen eine Nachricht, die ich Ihnen lieber mündlich ertheilen möchte, damit ich das Vergnügen hätte, ihre Freude mit anzusehn und zu geniessen. Sie sind frey. Der Befehl wegen Ihrer Befreyung ist gestern mit dem neu angelangten Gefangnen angekommen, und sie sollen Morgen nebst vier an-

dern Verwiesenen wieder auf die Art zurück nach der Stadt Moskau gebracht werden, wie Sie hieher gebracht worden sind. Alsdann haben Sie die Erlaubniß Sich hinzuwenden, wo Sie hinwollen. Ich habe Ihnen Ihre Freyheit durch eine von meinen Freundinnen bey Hofe ausgewirkt. Mein Gemahl weis es nicht, daß ich mich Ihres Unglücks angenommen habe, und er soll es auch nicht wissen; auch nicht die Welt. Ich bin zufrieden, daß Sie es wissen. Und vielleicht wäre mein Dienst viel großmüthiger, wenn ich Ihnen solchen nicht selbst bekannt gemacht hätte. Ich war es Willens; allein ich war zu schwach; und ich sehe, daß es leichter ist, eine gute That zu unternehmen, als sie zu verschweigen. Vergessen Sie diese kleine Eitelkeit, durch die ich mich für meine guten Absichten selbst belohnt habe. Ich zweifle, daß ich das Vergnügen haben werde, Sie vor Ihrer Abreise noch zu sprechen, wenigstens doch nicht allein. Ich wünsche Ihnen also mit der größten Aufrichtigkeit das Glück, Ihre Gemahlinn bald wieder zu finden. Wie wird sie mich lieben, daß ich ihr ihren Grafen wieder geschafft habe! Für Ihren Freund, den Sie hier zurücklassen, will ich sorgen. Leben Sie wohl, und schreiben Sie mir künftig, ob Sie Ihre Gemahlinn angetroffen haben. Wenn meine Wünsche erfüllet werden: so hoffe ich das betrübte Land, aus dem Sie eilen, noch mit meinem Vaterlande zu verwechseln. Doch nein, ich Unglückliche werde wohl hier mein Leben beschliessen müssen. Schreiben Sie mir ja. Ich habe noch eine Stiefschwester in Curland, an die ich Ihnen den beyliegenden Brief mitgebe. Sollten es ihre Umstände verlangen: so glaube ich, daß sie sehr gut bey ihr aufgehoben sind. Sie ist eine Witwe; doch habe ich seit zwey Jahren keine Nachricht von ihr. Leben Sie noch einmal wohl.

Amalia L**

Diesen Brief las ich und taumelte vor Freuden in Steeleyns Arme, und wollte ihm sagen, was darinne stünde; allein er wartete meine Entzückungen nicht ab. Er riß mir ihn aus der Hand und las ihn. Ich legte mich mit dem Kopfe auf seine Achsel, um die Bewegungen nicht mit anzusehn, die ihm die Nachricht von meiner Befreyung und seiner fortdauernden Gefangenschaft verursachen würde. Ihr seyd frey, fieng er an, und ich verliere euch und bleibe noch ein Gefangner und werde noch unglücklicher, als zuvor? das ist schrecklich! Hat euch der Himmel lieber, als mich? Doch ich werde Zeit genug zu meinen Klagen haben, wenn ihr nicht mehr bey mir seyd. Ich weis, daß es euch unmöglich ist, mich zu vergessen. Nein, fiel er mir um den Hals, ihr vergeßt mich nicht. Ich konnte ihm vor Wehmuth lange nicht antworten, und mein Stillschweigen, das doch nichts als Liebe war, machte ihn so hitzig, als ob ich schon die größte Untreue an ihm begangen hätte. Ich ließ seinen Affect ausreden, und nach einem kleinen Verweise, sah ich ihn beschämt und gelassen genug, ihm mein Herz zu entdecken und ihn zu überführen, wie unvollkommen mir meine Freyheit ohne die seinige wäre. Ich nahm mit dem Juden die Abrede, daß er mir das Drittel von meinem Gelde zur Reise geben und das Uebrige für Steeleyn zurück behalten und uns für seine Mühe, so viel er wollte, abziehn sollte. Der Jude war vorsichtiger, als ich. Er sagte mir, daß ich wenig baar Geld mitnehmen sollte; weil ich in der Gefahr stünde, auf der Reise nach Moskau zehnmal darum zu kommen. Er gab mir etwas weniges baar, und tausend Thaler und darüber in vier Wechseln an Juden in Moskau, damit ich, wenn ich einen verlöre, doch nicht um alles käme; so ehrlich handelte dieser Mann an mir. Ich ward noch vor dem Abend zu dem Gouverneur gerufen. Er lag an dem Podagra krank und kündigte mir meine Freyheit auf dem Bette, im Beyseyn seiner Gemahlinn an. Er reichte mir die Hand und sagte: ich habe Befehl, euch wieder nach Moskau zu schicken, und es soll Morgen zu Mittage geschehn. Ich verliere euch zwar ungern; aber reiset mit Gott und seyd glücklicher, als ihr bisher gewesen. Ich küßte ihm die Hand aus einer wahren Dankbarkeit und bat um seine fernere Gnade für Steeleyn. Wenn ich lebe, sprach er, so soll es ihm nicht schlechter ergehn, als zeither. Er hieß mich niedersitzen, (eine Ehre, die er mir zum ersten male erwies) und sagte, daß er noch viel mit mir zu reden hätte; allein seine Schmerzen meldeten sich so heftig, daß er mir winkte, ihn zu verlassen. Ich that es, und wiederholte seiner Gemahlinn im Herausgehn durch eine dankbare Mine die Grösse meiner Verbindlichkeit und ihrer Wohlthat. Lebt wohl, mein Herr, sprach sie, und wandte sich den Augenblick wieder zu ihrem Gemahle. Sobald ich wieder bey Steeleyn war; so schrieb ich an meine Erretterinn, weil ich dieser großmüthigen Seele nicht mündlich hatte danken können. Ich gab den Brief dem Juden, der unterdessen die Wechsel besorgt und mir Pelze und andere Nothwendigkeiten geschafft hatte, um mich vor der grossen Kälte zu schützen. Nunmehr war alles verrichtet, und nun überließ ich mich meinem Freunde die ganze Nacht hindurch. Wir redten, wir weinten, und empfanden alles, was wir nur nach unsern verschiednen Umständen empfinden konnten. Der Morgen übereilte uns, und eben so der Mittag, und wir hatten bis auf den letzten Augenblick einander noch, ich weis nicht was, zu sagen. Der Jude kam, und sagte, daß die Schlitten, die mich nebst den übrigen Befreyten fortführen sollten, gleich zugegen seyn würden. Wir nahmen Abschied, ohne zu reden, und ich vergaß mich in den Armen meines redlichen Steeleys, bis mich die Aufforderung der Wache von ihm losriß. Er stieß mich fort und in dem Augenblicke wollte er mir auch nachlaufen; allein man verschloß die Thüre und mein Jude führte mich bis in den Schlitten und rief mir noch die freundschaftlichsten Wünsche nach.

Ich ward nebst drey andern auf einen Schlitten gesetzt, denen Hoffnung und Freude aus den Augen leuchteten. Ich kann nicht sagen, was in den ersten Stunden, ja fast in den ganzen ersten beiden Tagen in meiner Seele vorgieng. Ein Uebermaß von freudigen Wallungen und betrübten Regungen überströmte mein Herz wechselsweise. Man begegnete uns an den Orten, wo wir frische Rennthiere bekamen, nicht so verächtlich, als damals, da wir auf dem Wege nach Siberien waren. Meine Gesellschafter waren drey Russen. Sie hatten Geld und versorgten sich an allen Orten mit so vielem Brandtweine, daß sie auf der ganzen Reise fast nicht nüchtern wurden. Sie haben mich indessen nie mit Willen beleidiget, und ich würde ihre Freundschaft erhalten haben, wenn ich mit ihnen getrunken hätte. Wir waren zu Ende des Märzes in Moskau. Ich ward in eben das Haus gebracht, in dem ich vor fünf Jahren verwahrt gesessen hatte und fand den vorigen Gefangenwärter noch. In drey Tagen ward ich völlig losgelassen und bekam einen Paß, und nun konnte ich mich hinwenden, wo ich hin wollte. Ich hatte meine Wechsel noch alle und begab mich nunmehr zu den Englischen Kaufleuten, welche Steeleyn vordem beygestanden hatten, und übergab dem einen, welcher Tompson hieß, ein Billet von ihm. Er nahm mich sehr liebreich auf und sagte mir, daß ihm Steeleys Unglück, nach Siberien verwiesen zu werden, durch den Gefangenwärter wäre hinterbracht worden, daß ers alsbald nach London an seine Freunde gemeldet und seit drey Jahren verschiedne Briefe an den Englischen Agenten in Moskau erhalten hätte. Zu diesem giengen wir den andern Tag. Der Agent war der liebreichste Mann von der Welt. Er wies mir die beweglichen Briefe, die Steeleys Vater an ihn geschrieben hatte. Er wies mir die Memoriale, durch die er bey dem Senate um meines Freundes Befreyung angehalten, und versicherte mich, daß er sie bey der Zurückkunft des Zaars, die bald erfolgen sollte, gewiß auszuwirken hoffte. Der Englische Gesandte in Schweden hatte ebenfalls an ihn geschrieben und ihn gebeten, alles zu Steeleyns Befreyung beyzutragen. Er gab mir die Briefe, die er aus London an ihn erhalten hatte, und Tompson führte mich nunmehr zu den Juden, um meine Wechsel zu heben. Ich bekam binnen zehn Tagen mein Geld, zu dem mir Tompson doch wenig Hoffnung gemacht hatte, und büßte nicht mehr, als einen Wechsel von hundert und funfzig Rubeln ein. Der Jude, der mir ihn bezahlen sollte, war in die elendesten Umstände gerathen, und seine Mitbrüder versicherten mich, daß sie binnen einem Jahre das Geld für ihn erlegen wollten, wenn ers nicht thun könnte. Ich zerriß darauf den Wechsel, und gab dem armen Juden noch zehn Thaler von dem übrigen Gelde. Ich bat sie, daß sie mir etliche Briefe an ihren Correspondenten nach Siberien, von dem ich die Wechsel empfangen, bestellen sollten. Sie sagten mir, daß drey von ihnen ihrer Geschäfte wegen selbst nach Toboskoy reisen würden, und wenn ich mich zween Monate hier aufhalten könnte: so wollten sie mir durch die Antwort beweisen, ob sie ihr Wort gehalten hätten. Ich schrieb an meinen Freund; doch ehe der Brief fortgieng, ließ mich der Agent rufen, und sagte mir, daß er endlich so glücklich gewesen wäre, sich um seinen Landsmann verdient zu machen; seine Befreyung wäre in dem Senate unterzeichnet worden, und er hätte das Versprechen erhalten, daß Steeley binnen drey oder vier Monaten aus Siberien zurückgebracht und freygelassen werden sollte. Ich dankte dem Agenten nicht anders, als ob er mir diese Wohlthat selbst erwiesen hätte, und eilte meinem Freunde diese freudige Nachricht zu melden. Die Juden reisten ab, und ich war wirklich willens, Steeleys Ankunft zu erwarten. Doch die Liebe siegte über die Freundschaft und das Verlangen euch zu suchen, machte mir meinen Auffenthalt in Moskau unerträglich. Ich wollte fort, ohne zu wissen, wohin. Der Handel in die Schwedischen Lande war noch verboten. Ich wollte nach Dännemark, weil ich mir einbildete, daß ihr euch vielleicht dahin gewendet haben würdet: allein Tompson beredte mich, daß ich mit einem Holländischen Schiffe, dessen Ladung er in Commission hatte, und das in Archangel segelfertig lag, nach Holland gehn sollte. Er gab mir eine Addresse an den Kaufmann mit, dem die Waaren des Schiffs gehörten, und versprach mir, daß er die Briefe von Steeleyn an ihn einschlagen wollte; ich aber sollte bey diesem Manne die Nachricht zurücklassen, wo ich mich von Holland aus hinwenden würde, damit mich Steeley bey seiner Zurückkunft zu finden wüßte. Ich gieng also in der sechsten Woche nach meiner Ankunft in Moskau mit dem Schiffe fort, das mich so unvermuthet und glücklich zu euch gebracht hat. Ehe ich Moskau noch verließ: so gab ich Tompson funfzig Thaler, um sie nach meiner Abreise unter etliche von meinen gefangnen Landsleuten auszutheilen.

Dieß ist das meiste von dem, was mir mein Gemahl, über seine schriftlichen Nachrichten, von seinem Auffenthalt in Siberien erzählt hat. Ich habe es hin und wieder zusammen gezogen, und das was zur Geographie oder zur Historie dieses Lands gehöret, mit Fleiß übergangen, weil ich keine Reisebeschreibung machen wollen. Es hat sich auch seit der Zeit in diesem Reiche vieles verändert, besonders seit der Erbauung der Stadt Petersburg und den grossen Anstalten Peters des Ersten, die so wohl in die Natur des Landes, als in die Gemüthsart der Einwohner einen grossen Einfluß gehabt haben.

Ich eile nunmehr zu dem letzten Periode dieser Geschichte, nämlich zu dem, was nach der Rückkunft meines Gemahls erfolgt ist. Wir lebten in unserer zweyten Ehe, wenn ich so reden darf, vollkommen zufrieden, und mein Gemahl schmeckte auf sein erlittenes Ungemach die Freuden der Liebe und der Ruhe gedoppelt. Er blühte in meinen Armen wieder auf und bekam die erste Lebhaftigkeit wieder, von der ihm das Unglück einen grossen Theil entzogen hatte. Die ersten Monate verstrichen uns in der Gesellschaft der Caroline und des Herrn R** meistens unter wechselseitigen Erzählungen. Nichts war kläglicher, als da ich ihm einsmals meine Heyrath und die Geschichte meiner Ehe mit dem Herrn R** und zwar in dem Beyseyn desselben umständlich erzählen sollte. Der Graf hatte mich die ganze Zeit über bey der Hand, als wollte er mir einen Muth einsprechen. Ich fieng die Erzählung mit vieler Dreistigkeit an. Ich war von der Liebe meines Grafen völlig überzeugt: ich wußte, daß ich ihm niemals untreu geworden seyn würde, wenn ich nur die geringste Nachricht von seinem Leben gehabt hätte. Allein alles dieses langte nicht zu, mich in meiner Erzählung zu unterstützen. Ich wollte aufrichtig und doch auch behutsam sprechen; und ie mehr ich redete, desto mehr fühlte ich, wieviel beleidigendes diese Geschichte für den Grafen in sich hatte, und wie viel kränkendes für mich und für den Herrn R**. Ich ward verzagt. Der Graf gab mir die theuersten Versicherungen, daß er durch nichts beleidigt würde; allein ich kam nicht weiter, als bis auf die Geburt meiner Tochter. Ich sammlete alle meine Kräfte; ich fieng zehnmal wieder an; doch mein ganzes Herz weigerte sich, mich fortfahren zu lassen; ich schwieg. Nun sprach der Graf mit einer liebreichen Mine, diese kleine Marter, die ich euch itzt gemacht habe, das soll die Strafe für eure Untreue seyn, und umarmte mich. Und ihr mein lieber R**, fuhr er fort, schlagt eure Augen immer wieder auf und seht zu eurer Strafe eure vorige Gemahlinn in meinen Armen. Er küßte ihn, und ich mußte es auch thun. Nein, sprach er, sie hat euch geliebt und ihr habt es verdient, und wenn ich sterbe, so liebt sie euch wieder. Wir haben uns alle kein Vergehn, sondern nur das Unglück vorzuwerfen. Caroline, (sie saß bey mir), seht nur, wie euch meine Gemahlinn betrachtet. Kann sie sich wohl besser an mir rächen, als durch eure Gegenwart?

Ich war unermüdet, dem Grafen alle die Augenblicke zu ersetzen, die er ohne mich zugebracht. Ich kam selten von seiner

Seite und sann bey jeder Gefälligkeit, die ich ihm erweisen konnte, schon auf eine neue. Wenn wir unser Herz ausgeredet hatten: so las ich ihm etwas vor, und wenn ich nicht mehr lesen konnte, so that ers. Diese glückliche Beschäftigung mit dem Geiste der besten Scribenten, die der Graf so lange entbehrt hatte, nahm uns den größten Theil des Tages weg, und breitete ihr Vergnügen über unsere Gespräche, über unsere Mahlzeiten und über alle unsere Zärtlichkeiten aus. Wir hielten keine Gesellschaften und fühlten doch nie die Beschwerlichkeit der Langenweile. Wenn wir mitten in unsern Vergnügungen recht empfindlich gerührt seyn wollten: so dachten wir unserm Schicksale nach. Diejenigen, die niemals unter grossen Unglücksfällen geseufzt haben, wissen gar nicht, was für eine Wollust in diesen Betrachtungen zu finden ist. Man entkleidet sich in solchen Augenblicken von allem seinen natürlichen Stolze; man sieht, indem man sein Schicksal durchschaut, sein Unvermögen, sich selber glücklich zu machen, und überläßt sich den Entzückungen der Dankbarkeit, die uns nicht länger wollen nachdenken lassen. Der Graf setzte zuweilen ganze Tage zu dieser Absicht aus und wandte sie zu Werken der Gutthätigkeit an. Er erkundigte sich nach elenden und unglücklichen Personen; mit einem Worte, Arme, Kranke und Gefangene an diesem Tage zu erquicken und aufrichten zu lassen, das war seine Zufriedenheit. Oft ließ er auch einige von denen, die schon unter dem Elende grau geworden waren zu sich rufen, und sie an einem Tische zusammen speisen. Es war ihm freylich lieb, wenn er wußte, daß es Leute waren, welche die Gutthat verdienten; allein er stellte deswegen nicht die strengsten Untersuchungen an. Vielleicht, sprach er, lassen sie sich durch die Wohlthaten bessern, wenn sie boshaft gewesen sind; laßt sie auch der Wohlthat unwerth seyn: sie sind doch Menschen. Wenn er hörte, daß sie mit dem Essen bald fertig waren: so gieng er zu ihnen und ließ sich ihr Schicksal erzählen. Fand er eine Person darunter, die ein edles Herz hatte: so nahm er sich ihrer ins besondre an. R** war sein Gehülfe in dieser Tugend, und wem sie beide nicht als Wohlthäter dienen konnten, dem dienten sie doch als vernünftige Rathgeber. Wir fuhren gemeiniglich an diesen Tagen etliche Stunden in die Felder, oder in die Gärten, spatziren. Einmal hörten wir des Abends, indem wir bey dem Mondenscheine durch die Wiesen giengen und den Wagen am Wege halten liessen, ein jämmerliches Gewinsel. Wir näherten uns ungeachtet des tiefen Grases dem Orte, wo der Schall herkam, und fanden eine junge Weibesperson, welche die Schmerzen der Geburt kaum überstanden hatte und in einem hülflosen Zustande da lag. Herr R**, der bey uns war, fuhr den Augenblick in das nächste Landhaus, um ein Weib und andre Bedürfnisse für die Geburt herbey zu holen, und ich machte mich indessen um diese Unglückliche so gut verdient, als es die Nothwendigkeit erforderte. Ich konnte aus ihrem Anzuge schliessen, daß sie keine der Vornehmsten und keine der Geringsten war, und ihre Jugend und ihre gute Bildung war genug, uns einen Theil von ihrem Schicksale zu erklären, weil sie selbst nichts, als etliche unvernehmliche Worte, hervorbringen konnte. Herr R** kam mit einigen Weibern zurück und wir liessen die unbekannte Elende auf unserm Wagen in das nächste Dorf bringen, und kehrten zu Fusse in die Stadt. Nun, sprach der Graf, indem wir zurückgiengen, dieser Spaziergang ist viel werth. Wie schön wird sichs in den Gedanken einschlafen lassen, daß wir zwoen Personen das Leben auf einmal erhalten haben! Das arme Mädchen ist vermuthlich aus Furcht der Schande von ihrem Geburtsorte geflüchtet. Wer weis, welcher Betrüger sie unter dem Versprechen der Ehe um ihre Unschuld gebracht hat. Ich fuhr mit anbrechendem Tage nebst Carolinen auf das Dorf und wir fanden die Unglückliche mit ihrem Kinde auf den Armen, in Thränen zerfliessen. Sie war nicht allein wohl gebildet, sie war ausnehmend schön, und eine gewisse schamhafte Mine entschuldigte ihren Fehler zum voraus. Die Liebe, sprach sie, oder vielmehr ein Liebhaber hat mich unglücklicher gemacht, als ich zu seyn verdiene. Ich habe mich mit ihm seit zwey Jahren versprochen; allein ein bejahrter Vormund, unter dem ich stehe und der mir sein eigen Herz aufdringen wollte, hat unsre Verbindung verhindert. Mein Bräutigamm, eines Pachters Sohn bey Leiden, hat mich mit meinem Willen entführt, und mir versprochen, sich im Haag mit mir nieder zu lassen und die Handlung zu treiben. Als wir gestern Morgen in die Gegend kamen, wo ihr mich angetroffen, sah ich mich durch eine Unpäßlichkeit genöthigt, vom Wagen abzusteigen. Mein bis dahin getreuer Liebhaber führte mich in dem Felde herum, um mich durch die Bewegung wieder zu mir selber zu bringen. Ich mußte mich endlich niedersetzen, und sobald er sah, was mir für ein Schicksal bevor stund, verließ mich der Boshafte unter den Vorwande, mir iemanden zu Hülfe zu rufen. Ich habe also den ganzen Tag auf seine Zurückkunft vergebens gewartet und bin mehr durch das Entsetzen über seine Untreue, als durch die unglückliche Frucht meiner Liebe in den sinnlosen Zustand gekommen, in dem ihr euch gestern meiner so großmüthig angenommen. Man kann keine grössere Bosheit begehn, als er an mir begangen hat. Er hat mir mein Geschmeide, das mein ganzer Reichthum war, und das wir im Haag zu Gelde machen wollten, mitgenommen. Dennoch hasse ich ihn noch nicht, ja ich würde es ihm mit Freuden vergeben, daß er mich mit der Gefahr meines Lebens verlassen hat, wenn ich nur wüßte, daß es ihn reute – – Ich suchte sie zu beruhigen und versprach ihr, wenn ihr Liebhaber binnen acht Tagen nicht wieder käme, sie zu mir zu nehmen und sie und ihr Kind zu versorgen. Er kam nicht, und ich erfüllte mein Wort und ließ das Kind auf dem Dorfe erziehn.

Der Graf war nunmehr ein halb Jahr lang bey mir und hatte

nicht das geringste Verlangen in sein Vaterland zurück zu kehren, wenn ihm auch die Erlaubniß dazu wäre angeboten worden. Ueberdieses wußte er, daß der Prinz, dem er sein Unglück zu danken hatte, noch lebte und bey dem Könige in dem größten Ansehn stund; und was brauchte er mehr, als dieses zu wissen, um an keine Rückkehr zu denken? Aber daß Steeley nicht kam, und daß er, auf alle seine Briefe an ihn, noch nicht die geringste Antwort erhalten, dieses beunruhigte ihn desto mehr. Von Steeleys Vater hatte er zwar aus London schon vor etlichen Monaten die Nachricht bekommen, daß sein Sohn durch die Bemühungen des Englischen Gesandten, und durch ein Strafgeld von etlichen tausend Thalern seiner Verweisung nach Siberien erlassen worden wäre, von ihm selbst aber hätten er und seine Landsleute in Moskau keine Briefe. Indessen daß der Graf vergebens auf Steeleyn hoffte, begegnete ihm ein andrer vergnügter Zufall. Er war eine Stunde vor der Mahlzeit, wie er zu thun pflegte, mit dem Herrn R** auf das Caffeehaus gegangen, wo die meisten Fremden einzusprechen pflegten. Kurz darauf ließ er mir sagen, er würde mir einen Gast mitbringen, für den ich ein Zimmer zu rechte machen lassen sollte. Er kam, und der Gast war der ehrliche Jude, der ihm in Siberien so viele Menschenliebe erwiesen, und den seine Geschäfte nach Holland zu gehn genöthigt hatten. Mein Gemahl war ausserordentlich erfreut, daß er diesem wackern Manne einige Gefälligkeiten erzeigen konnte, und er selbst war eben so froh, daß er meinen Gemahl so unvermuthet und so glücklich angetroffen. Er überreichte mir den Brief aus Siberien, den ich schon eingerückt habe, und versicherte mich, daß er sich in Liefland und Dännemark sehr sorgfältig nach mir erkundigt und doch nicht das Geringste von meinem Auffenthalte hätte erfahren können. Sein Herz war wirklich seiner ehrlichen und einfältigen Mine gleich, und seine Sitten gefielen durch sein Herz. Er war schon bey Jahren und sein grauer Bart und sein langer pohlnischer Pelz gaben ihm ein recht ehrwürdiges Ansehn. Die freundschaftliche Art, mit der wir mit ihm umgiengen und ihm unsere Erkenntlichkeit zu bezeigen suchten, rührte ihn ausnehmend. Als wir das erstemal von der Tafel aufstunden: so ward der gute Mann ganz betrübt. Mein Gemahl fragte ihn um die Ursache. Ach, sprach der Alte, wenn ich nur so glücklich seyn könnte, noch etliche Stunden bey ihnen zu bleiben! Ich habe mein Tage kein solch Vergnügen gehabt, und niemand ist noch so großmüthig mit mir umgegangen, als sie thun. Der Graf nahm ihn bey der Hand und führte ihn in das Zimmer, das für ihn zu bereitet war. Seht ihr, sprach er, meine Gemahlinn giebt euch ihr bestes Zimmer ein. Glaubt ihr nun wohl, daß ihr uns angenehm seyd? Ihr dürft nicht daran denken, uns unter acht Tagen zu verlassen. Nicht wahr, ich wohne hier besser, als in Siberien? dort habt ihr mich bedienet, und hier wollen ich und meine Gemahlinn euch bedienen. Wir thaten es, und wir alle, Caroline sowohl als R** bestrebten uns recht, diese acht Tage unserm Gaste zu Tagen des Vergnügens zu machen. Wenn die Sonne untergieng, schlich er sich in sein Zimmer und blieb meistens eine halbe Stunde aus. Wir fragten ihn, als dieses etlichemal geschah, um die Ursache und er wandte allerhand kleine Verrichtungen vor, bis ihn endlich Herr R** einmahl überraschte und auf den Knien betend fand. Als diese acht Tage unter tausend kleinen Vergnügungen verstrichen waren: so bat er uns, unsere Wohlthaten einzuschränken und ihn wieder fortreisen zu lassen. Er verließ uns einen Tag, um seine Geschäfte zu besorgen, und kam den andern wieder, um Abschied von uns zu nehmen. Nun, sprach er, will ich mit Freuden fortreisen, Herr Graf, und Gott auf meiner Reise danken, daß ich sie angetroffen habe. Ich bin alt, und ich werde sie alle in dieser Welt wohl nicht wieder sehn. Ich habe keine Kinder, und wenn ich nicht bey meinem Weibe sterben wollte: so würde ich mich auf meine alten Tage hier niederlassen. Wir nahmen alle als von einem Vater Abschied von ihm. Ach Herr Graf, fieng er endlich ganz furchtsam an, sie haben mich für meine Dienste reichlich belohnt; aber ich bin gegen sie noch nicht dankbar genug gewesen, daß sie mir das Leben mit ihrer eignen Gefahr erhalten haben. Sie wissen, daß ich mehr Vermögen habe, als ich und meine Frau bedürfen. Ich habe hier in der Bank ein Capital von zehntausend Thalern zu heben. Erlauben sie mir die Freude, daß ichs ihrer kleinen Tochter schenken darf, und nehmen sie den Schein von mir an. Wir versicherten ihn, daß unsere Umstände so beschaffen wären, daß wir nicht Ursache hätten, ihm einen Theil von seinem Vermögen zu entziehn; allein er beklagte sich, daß wir seine Gutwilligkeit verachten wollten, und zwang uns, das Geschenk anzunehmen. Er gieng darauf zu unsrer Tochter und knüpfte ihr noch ein sehr kostbares Halsband um den Hals. Er beschenkte auch das unglückliche Mädchen, das ich zu mir genommen hatte, sehr reichlich, und eilte alsdann, was er konnte, um sich seinen Abschied nicht noch saurer zu machen. Der rechtschaffene Mann! Vielleicht würden viele von diesem Volke beßre Herzen haben, wenn wir sie nicht durch Verachtung und listige Gewaltthätigkeiten niederträchtig und betrügerisch in ihren Handlungen machten, und sie nicht oft durch unsere Aufführung nöthigten, unsere Religion zu hassen. R** begleitete den Alten etliche Meilen und konnte gar nicht aufhören, seinen uneigennützigen und großen Charakter zu bewundern. Unter allen Merkmalen der Freundschaft, die wir ihm erwiesen, rührte ihn nichts so sehr, als dieses, daß ihn der Graf abmalen und das Bild in seine Studierstube setzen ließ.

Auf diese Freude folgte in einigen Wochen eine noch grössere und eben so unvermuthete. Andreas, Carolinens Bruder, war gewohnt, alle Jahre seinen Geburtstag zu feyern. Er kam einstens sehr früh zu uns und sagte, weil er genöthigt wäre, auf etliche Wochen zu verreisen, und weil sein Geburtstag morgen einfiele: so wollte er ihn heute feyern und uns bitten, uns gleich mit ihm auf eine Gondel zu setzen und einmal einen ganzen Tag in seinem Hause zuzubringen. Wir liessen es uns gefallen, und weil wir bey dem Thee gleich mit dem Briefe beschäfftigt gewesen waren, den mir der Graf durch den Juden aus Siberien geschickt: so baten wir den Andreas, uns nur so lange Zeit zu lassen, bis ich diesen Brief vollends laut hergelesen und der Graf uns das, was wir noch umständlicher wissen wollten, erzählt hätte; denn Caroline und R** sassen bey uns. Ach, schrie er ganz ängstlich, das könnt ihr in meinem Hause auch thun; nehmt den Brief mit und verderbt mir meine Freude nicht, oder ich reise gleich heute fort und tractire euch gar nicht. Dieses treuherzige Compliment nöthigte uns, ihm gleich zu folgen. Alles war in seinem Hause wider seine Gewohnheit aufgeputzt, und wir konnten uns in seine grossen Anstalten gar nicht finden. Ich weis nicht, sprach Caroline, was ich von meinem Bruder denken soll. Wenn nur nicht etwan aus diesem Geburtstage ein Hochzeittag wird. Er thut mir zu froh und zu geheimnißvoll. Wir scherzten mit ihm darüber, als er uns den Thee auftrug, und er lachte auf eine Art, als ob er es gern sähe, daß wir seine kleine List erriethen. Leset nur euern Brief vollends durch, fieng er an, ich will indessen meine Braut holen, oder wenigstens meinen Flaschenkeller zurechte machen. Er gieng in das Nebenzimmer, und wir vertieften uns wieder in den Brief. Ich fragte nach tausend Kleinigkeiten, welche die Gemahlinn des Gouverneurs angiengen, deren Brief an ihre Stief-Schwester nach Curland mein Gemahl wieder zurück bekommen hatte, weil sie todt war. R** wollte immer mehr von der wunderlichen Gemüthsart des Gouverneurs wissen, und Caroline blieb bey aller Gelegenheit bey Steeleyn stehn. Andreas trat aus der Nebenstube wieder herein, als wollte er uns zuhören. Habe ich ihn euch denn noch nicht genug beschrieben? sagte mein Gemahl zu Carolinen. Habt ihr euch denn gar in ihn verliebt? Freylich sah er vortheilhaft aus, sonst würde ihm das Cosackische Mädchen nicht so gut gewesen seyn. Er hatte grosse schwarze Augen, wie ihr, und – – Indem öffnete Andreas, der nah an der Thüre stund, das Nebenzimmer und rief, nach seinen Gedanken, ganz sinnreich: sah er etwan wie dieser Herr aus? und in dem Augenblicke stund Steeley vor uns. Der Graf zitterte, daß er kaum von dem Sessel aufstehen konnte, und wir sahen ihren Umarmungen mit einem freudigen Schauer lange zu. Nun, schrie endlich Steeley, nun sind wir für alle unser Elend belohnet, und riß sich von dem Grafen los, und ich eilte ihm mit offnen Armen entgegen. Ach Madam, fieng er an, ich – – ich – ja, ja, sie sind es – – und das war sein ganzes Compliment. Der Graf kam auf uns zu, und wir umarmten uns alle drey zugleich. O was ist das Vergnügen der Freundschaft für eine Wollust, und wie wallen empfindliche Herzen einander in so glücklichen Augenblicken entgegen! Man sieht einander schweigend an, und die Seele ist doch nie beredter, als bey einem solchen Stillschweigen. Sie sagt in einem Blicke, in einem Kusse ganze Reihen von Empfindungen und Gedanken auf einmal, ohne sie zu verwirren. Caroline und der Herr R** theilten ihre Freude mit der unsrigen, und wir traten alle viere um Steeleyn und waren alle ein Freund. Dem Andreas mochte unsre Bewillkommung zu lange dauern; er zog mich und Carolinen bey Seite. Ihr Leute, sprach er ganz bestrafend, vergeßt doch nicht, daß ihr Frauenzimmer seyd und – – Setzt euch alle nieder, sonst muß ich den ganzen Tag euern Umarmungen zusehen. Thut es, wenn ich nicht dabey bin. Wir wollen heute lustig und nicht so niedergeschlagen seyn. Und damit mußten wir uns niedersetzen. Herr Graf, fuhr er darauf fort, habe ichs nicht listig gemacht? Wir merkten, daß er für seine Erfindung belohnt seyn wollte, und er war es werth, daß wir ihm unser eigen Vergnügen etliche Minuten aufopferten. Mein Gemahl hatte schon zehn Fragen an Steeleyn gethan; allein Andreas ließ ihn zu keiner Erzählung kommen. Seyd doch zufrieden, sprach er, daß ihr ihn habt, und daß ich ihn euch geschafft habe. Ihr sollt ihn auf den Abend mit zu euch nehmen, alsdann könnt ihr mit einander reden, bis wieder auf meinen Geburtstag. Itzt will ich das Vergnügen haben, daß ihr bey mir recht aufgeräumt seyn und recht laut werden sollt. Wir wünschten unstreitig alle, von unserm gebietrischen und uns so unähnlichen Wirthe bald entfernt zu seyn; allein wir mußten uns ihm aus Dankbarkeit Preis geben, und Steeley schien selbst itzt keine Lust zu haben, uns seine Begebenheiten zu erzählen, ausser daß er den Tod des Gouverneurs etlichemal erwähnte. Und von seiner Gemahlinn, fuhr er zum Grafen fort, habe ich einen Brief an euch. Die großmüthige Seele! Ich will euch den Brief aus meinem Coffer langen. Er gieng, und Andreas mit ihm. Wir waren es zu frieden, daß uns Steeley einige Augenblicke verließ, nur damit wir das Verlangen befriedigen konnten, einander unsere Lobsprüche von ihm mitzutheilen. Ist er meiner Liebe werth, sprach der Graf zu mir, und gefällt er euch? Caroline ließ mich nicht zum Worte kommen. Herr Graf, rief sie, ihre Gemahlinn kann nicht urtheilen, sie ist nur von ihnen eingenommen. Fragen sie doch mich, ich wills ihnen aufrichtig sagen, ich und das Mädchen in Siberien, wir – – Hier trat Steeley, mit einem Frauenzimmer an der Hand, herein, aus deren Gesichte Anmuth und Freude lachten. Sie gieng in Amazonenkleidern, und jeder Zug in ihrer Bildung war ein Abdruck der Gefälligkeit und der Liebe. Ach Gott! rief der Graf, wen sehe ich? Ist es möglich, Madam? oder betrügen mich meine Augen? das ist zu viel Glück auf einen Tag! Madam, redte mich Steeley an, indem ich noch vor Erstaunen immer auf einer Stelle stund: Hier bringe ich ihnen meine liebe Reisegefährtinn und bitte für sie um ihre Freundschaft. Ich wußte noch nicht, wen ich umarmte, oder wollte es doch nicht sobald wissen, um mein Vergnügen zu verlängern. Sie selbst schien mich aus eben der Ursache in der Ungewißheit zu lassen. Glaubt es doch, rief mir endlich mein Gemahl zu, sie ist es, der ich meine Befreyung zu danken habe; sie hat mich euch wieder gegeben. Ja, Madam, fieng sie an, für diesen Dienst suche ich itzt die Belohnung bey ihnen, und ich bitte nicht um ihre Freundschaft, sondern ich fodere sie von ihnen. Ist es ihnen denn recht lieb, daß sie mich sehn? Ja, ich sehe es, sie fühlen eben so viel, als ich, daß ich sie nunmehr kenne. Ach, Herr Graf, also sind wir nicht mehr in Siberien? Wie viel habe ich ihnen zu erzählen! Ihr Freund, den sie mir hinterlassen haben, hat mir viel zuwider gethan, (hier sah sie Steeleyn mit dem zärtlichsten Blicke an) und – – er mag es ihnen selber sagen. Aber, fieng sie ganz sacht zu meinem Gemahle an, wer ist das Frauenzimmer und der Herr? (sie meynte Carolinen und R**) Der Graf erschrack und wußte nicht, was er in der Eil sagen sollte. Sie sind – – sie sind unsre Freunde und auch die ihrigen. Ich nahm darauf Carolinen bey der Hand und führte sie zu ihr, und der Graf that mit R** eben das. Wir glaubten, daß Andreas das Geheimniß vor unserer Zusammenkunft schon verrathen hätte; denn die Verschwiegenheit war seine Sache nicht. Allein er hatte, entweder um uns zu schonen, oder weil er nicht daran gedacht hatte, geschwiegen. Er hatte nicht die Geduld gehabt, unsere Bewillkommung ganz anzuhören. Itzt kam er wieder herein und half uns zum Theil aus unsrer Verwirrung. Das ist, fieng er zu der Fremden an, das ist meine liebe Schwester. In dem Augenblicke gieng R** mit niedergeschlagenen Augen aus der Stube, weil er glaubte, daß Andreas auch von ihm anfangen würde. Geht nicht, rief ihm dieser nach, ich will nichts sagen. Der Herr Graf wird es schon selbst erzählen. Ach, mein lieber Graf, sprach Steeley, was ist das für ein Geheimniß? Darf ichs und die Madam nicht wissen? Wer ist der Herr R**? Er ist einer von meinen ältsten Freunden, und wenn ich ihnen alles sagen soll – – hier sahe er mich an und schwieg. Er war mein

Gemahl, sprach ich zu meiner neuen Freundinn, ehe ich wußte, daß mein Graf noch lebte. Sie hassen mich doch deswegen nicht? Nein, Madam, ich verdiene ihr Mitleiden und mein Graf – – dieser liebt euch, fuhr er fort, eben so zärtlich, als iemals. Sie sah mich beschämt und eilte, mir durch eine mitleidige Umarmung diese traurigen Augenblicke zu verkürzen. Steeley schien wirklich bey dieser Nachricht etwas von seiner Hochachtung gegen mich zu verlieren. Er sah bald mich, bald den Grafen an. Ist sie denn nicht mehr eure Gemahlinn? sprach er ganz heftig. Sie ist meine Gemahlinn, antwortete ihm der Graf; beunruhigt euch nicht. Ich weis, daß ihr mich liebt, und mir hat zu meinem Glücke nichts als der heutige Tag gefehlt. Hierauf gieng unsere Freude, wie von neuem, an.

Unser stürmischer Wirth nöthigte uns alsbald zur Mahlzeit. Ein jedes Wort von uns war eine Liebkosung, und an Statt zu essen, sahen wir einander an. Madam, fieng endlich Steeley zu mir an, ihre Augen fragen mich alle Augenblicke etwas. Beneiden sie mich etwan wegen meiner liebenswürdigen Reisegefährtinn? Oder wollen sie wissen, warum sie nach Holland gegangen ist? Sie will die Juwelen wieder holen, die sie dem Herrn Grafen in Siberien gegeben hat. Wir erfuhren in Moskau, daß wir ihn hier finden würden, und sie wird so lange bey ihnen bleiben, bis sie ersetzt sind. Ja, sprach ich, wir sind dazu verbunden; aber warum nehmen sie sich der Madam so eifrig an? Erfodert dieses die Pflicht der Reisegesellschaft? Sie hören wohl, versetzte sie, daß er das Geheimniß meiner Reise gern entdeckt wissen will. Ich soll ihnen sagen, daß ich ihn liebe, und daß ich ihn aus Liebe hieher begleitet habe. Er verdient und besitzt mein Herz, und ihm meine Hand zu geben, habe ich bloß auf ihre Gegenwart verspart. Steeley stund auf und umarmte sie. Also sind sie meine Braut? rief er. Ja, sagte sie, und um es zu werden, würde ich noch eine See durchreisen. Und ihnen, mein lieber Herr Graf, ihnen bin ich mein Glück schuldig, denn ohne sie würde ich meinen Geliebten nie haben kennen lernen. Sie haben mir ihn in ihrem ersten Gespräche mit mir so edel beschrieben, daß ich ihm gewogen war, ehe ich ihn sah. Die Vorsehung hat mir mein Unglück durch ihn belohnt, und ich will das seinige durch meine Liebe belohnen. Ich bleibe bey ihnen; und sie, Madam, sollen das Recht haben, unsere Verbindung zu vollziehn, und einen Tag zu unsrer Vermählung anzusetzen, welchen sie wollen. Ich will meinen künftigen Gemahl von ihren Händen empfangen; Und ich, sprach der Graf, meine Gemahlinn von den ihrigen. Ich will mir sie, da ich die zweyte Ehe mit ihr angefangen habe, auch noch einmal vermählen lassen, und dieses soll an dem Tage geschehn, da sie ihre Verbindung vollziehn. Amalie, so hieß Steeleys Braut, ließ darauf einen Pocal und einen Flaschenkeller Wein aus ihrem Zimmer langen. Kennen sie das Glas, Herr Graf? daraus habe ich ihnen in Siberien die Gesundheit ihrer Gemahlinn zu getrunken. Und aus eben diesem Glase und von dem Weine, der nicht weit von diesem Lande gewachsen ist, wollen wir sie zum andernmale in Holland trinken. O wie gut wird mirs schmecken! Sie trank und reichte mirs. Ich sah das Glas und den Wein an, und sah meinen Gemahl zugleich in Siberien und in den unglücklichsten Umständen von einer großmüthigen Seele bedauert und geschützt; ich sah sie an und trank, und Thränen fielen in den Wein. Kein Wein hat mir in meinem Leben so gut geschmeckt, als dieser. Wir schwiegen vor Vergnügen alle still, bis Andreas endlich unser Stillschweigen unterbrach. Aber, Madam, fieng er lachend an, wie sah denn der Herr Graf damals aus, da er als ein Gefangner vor ihnen stund? Sah er vornehm oder nicht? Sah er traurig? Seine Mine, sprach sie, richtete sich nach der Art, mit der ich mit ihm redte. Wenn ich ihn recht freundschaftlich bedauerte: so sah er mich zur Dankbarkeit sehr demüthig an; und wenn ich einen Augenblick unempfindlich gegen sein Elend schien: so warf er mir mein kaltes Herz mit einer stolzen Mine vor, die mich leicht errathen ließ, daß er aus Unschuld unglücklich und im Elende auch noch groß gesinnt war. Aber wie war er gekleidet? Schlechter, als ich wünschte. Ein deutsches Unterkleid, sehr abgenutzt, und ein schwarzer russischer Pelz und ein Paar Halbstiefeln waren sein Staat. Sein kurzes aufgelaufnes Haar gab indessen seinem Gesichte, bis auf etliche Spuren von Kummer, die aus seinen Augen nicht vertrieben werden konnten, ein unerschrocknes Ansehn. Nie war er beredter und in meinen Augen grösser, als da er von seiner Gemahlinn sprach; und ich that von diesem Augenblicke an heimlich ein Gelübde, ihm die Freyheit auszuwirken. Aber ihr verstorbner Gemahl und der Herr Graf, sprach Andreas, waren wohl nicht allezeit die besten Freunde? Was dieser gethan hat, das bitte ich dem Grafen itzt ab. Ach vergeben sie ihm die Fehler seiner Gemüthsart und seines Volkes, die ich ungeachtet seiner Neigung gegen mich mehr, als sie, empfunden habe. Unsre Ehe war ein Bündniß, das der Hof schloß, und das ich aus Gehorsam nicht ausschlagen durfte. Indessen ehre ich sein Andenken; so wie ich mein Schicksal an seiner Seite geduldig ertragen und mir, wenn ichs sagen darf, vielleicht durch meine Geduld ein bessers verdient habe.

Andreas ward zu unserm Glücke durch seine Geschäfte von uns gerufen, und seine Abwesenheit ließ uns vertraulicher werden. Steeley wollte dem Grafen erzählen, was seit seiner Abreise aus Tobolskoy vorgegangen; allein er stand alle Augenblicke vor gar zu grosser Empfindung still, und wir waren zufrieden, daß wir diesesmal das Wichtigste von dem erfuhren, was uns Amalie nachdem umständlicher auf folgende Art erzählet hat.

Wenig Tage nach des Herrn Grafen seiner Abreise, fieng sie auf unser Bitten an, starb mein Gemahl an dem zurückgetretenen Podagra. Ich berichtete seinen Tod nach Hofe, und bat zugleich um die Erlaubniß, nach Moskau zurück zu kehren. Die Gewalt, die ich bis zur Ernennung eines neuen Gouverneurs in den Händen hatte, gab mir Gelegenheit verschiedne harte Verordnungen aufzuheben, die mein Gemahl in Ansehung der Gefangnen ergehn lassen. Ihrem zurückgelassenen Freunde, Herr Graf, konnte ich mehr Bequemlichkeiten verschaffen. Ich befahl dem Juden, ihn mit allem zu versorgen, was er nöthig hätte, und ließ ihn muthmassen, als ob er ein Anverwandter von mir wäre. Damals waren meine Wohlthaten wohl blosse Wirkungen des Mitleidens. Ich hatte ihn nicht mehr, als einmal, und noch dazu in den traurigsten Umständen gesehn, als er auf ihre Fürbitte durch meinen Gemahl nach Tobolskoy zurück berufen ward. Ich hörte es gern, wenn mir der Jude seine Danksagungen für meine Vorsorge überbrachte, und was ich nicht wohl durch Befehle ausrichten konnte, das mußte der Jude durch das Geld, das ich ihm gab, bey den Unteraufsehern zu bewerkstelligen suchen. Er war in ein besser Behältniß gebracht, und ich hatte schon allerhand Mittel ausgesonnen, wie ich ihm bey meiner Zurückreise nach Moskau diese erträglichen Umstände dauerhaft machen wollte. Ungefehr nach vier Wochen kam ein Befehl an meinen verstorbnen Gemahl, daß Steeley frey seyn, und bey der ersten Gelegenheit, die man ihm verschaffen könnte, mit einem Passe versehn, und für sein Geld fortgebracht werden sollte. Ich ließ den Morgen darauf den Juden zu mir kommen, und sagte ihm, daß er Steeleyn eiligst zu mir bringen sollte, und daß ich unter der Zeit, da er ihm dieses meldete, die Wache nachschicken wollte, ihn abzuholen. Er kam, und ich ließ ihn nebst dem Juden zu mir ins Zimmer treten. Er stattete mir die Danksagung für meine bisherige Vorsorge auf eine sehr ehrerbietige und gefällige Weise ab, und blieb an der Thüre des Zimmers stehn. Ich fragte ihn, ob er keine Nachricht von dem Grafen hätte? ob er mit seinen Umständen zufrieden wäre? Er beantwortete das erste mit einem traurigen Nein, und das andere mit einem gelaßnen Ja. Ich bat ihn, mir eine kurze Erzählung von seinem Schicksale zu machen. Er that es, und ie mehr er redte, desto mehr nöthigte er mir durch seine Worte und durch seine Minen Aufmerksamkeit und Hochachtung ab. Er sah weit besser aus, als vor zwey Jahren, und ich weis nicht, ob ich mirs beredte, oder ob es wahr war, daß ihm der Siberische Pelz recht schön ließ. Ich hörte aus seiner Art zu reden nunmehr sehr wohl, daß er ein edelmüthiges Herz hatte; und wenn ich ja noch einige Augenblicke daran gezweifelt hatte: so war es vielleicht deswegen geschehn, weil ich bey meinem Zweifel gern widerlegt seyn wollte. Der Graf, dachte ich, hat Recht, daß er ihn so sehr liebt, und so sehr für ihn gebeten hat. Er verdient Hochachtung und Mitleiden; und es ist deine Pflicht, einem so rechtschaffenen und unglücklichen Manne zu dienen. Ich merkte, ie mehr er redte, daß etwas in meinem Herzen vorgieng; allein ich hatte keine Lust, es zu untersuchen, und ich hütete mich zugleich, mein Herz nicht zu stören. Ich nannte meine Regungen bey mir selbst, Wirkungen seiner Unglücksfälle, und setzte mich in Gedanken nieder, und ließ ihn lange fortreden, ohne ein Wort zu sagen. Als er mir die Grausamkeit erzählte, die man in der Stadt Moskau an ihm und dem Sidne begangen: so fühlte ich weit mehr, als da sie mir der Graf erzählt hatte. Es war mir unmöglich, die Thränen zurück zu halten, und ich wollte doch auch nicht, daß er meine Wehmuth sehn sollte. Ich fragte ihn in der Angst, wie alt sein Vater wäre, und wie lange er ihn nunmehr nicht gesehn hätte, nur damit ich das Wort: der arme Mann! das mir mein Herz für ihn abnöthigte, nebst einigen Thränen bey seinem Vater anbringen konnte. Ich führte ihn durch ziemlich neugierige Fragen in die Umstände seiner Familie und seiner Jugend zurück. Er fieng endlich an, von der traurigen Begebenheit mit seiner Braut in Engelland zu erzählen, und ich ward so gerührt, daß ich recht gewaltsam von meinem Stuhle aufsprang, und ganz nah zu ihm trat; vielleicht hatte ich das letzte schon gewünscht. Er ward bey dieser Erzählung sehr weichmüthig, und endigte sie mit einem Ach Gott! das mir durch die Seele gieng. Er schlug die Augen nieder, und es war mir nicht anders, als ob ich sie ihm wieder öffnen sollte. Er sah mich endlich auf einmal mit einer klagenden Mine an, und ich erschrack, als ob er mir ein Verbrechen vorrückte. Mein Herr, fieng ich an, ich will gleich weiter mit ihnen reden. Ich gieng in das Nebenzimmer, um den Befehl wegen seiner Befreyung zu holen. Ich suchte ihn lange vergebens, ob er gleich vor mir lag. Ich schämte mich vor meiner Unruhe, und glaubte zu meinem Troste, daß sie von den traurigen Erzählungen herstammte, und daß sie durch die Freude, die Steeley über seine Erlösung haben würde, sich bald verlieren sollte. Ich sah in den Spiegel, ehe ich wieder in das andre Zimmer trat, und ich sah in jedem Blicke die Unruhe meines Herzens verrathen. Ich hatte indessen bey aller meiner Unruhe noch die Geduld, etwas an meinem Kopfputze zu verbessern; und mitten in dem Verlangen, Steeleyn seine Befreyung anzukündigen, überlegte ich noch, wie seine unglückliche Braut ausgesehn hatte, und hielt ihr Bild im Spiegel gleichsam gegen das Meinige. Ich bereitete mich auf eine kleine Anrede, und öffnete das Zimmer, und gieng auf Steeleyn zu. Ich fühlte, da ich anfangen wollte zu reden, daß mir der Athem fehlte, und daß ich die Worte nicht wieder finden konnte, die ich in meinem Gedächtnisse gesammelt hatte. Ich that also an den Juden etliche gleichgültige Fragen, bis ich mich wieder erholte. Ich will nicht länger ungerecht seyn, fieng ich endlich an, und ihnen eine Nachricht vorenthalten, die sie vielleicht schon lange zu hören gewünscht haben. Verstehen sie Russisch? Er antwortete mir ängstlich, ja, ja, und zitterte, und machte, daß ich einen kleinen Schauer fühlte. Ich setzte mich nieder, und bat ihn, daß ers auch thun sollte. Er weigerte sich, und ich hielt mich für verbunden, ihm selbst einen Sessel zu reichen und mich dadurch an dem mir schon beschwerlichen Ceremoniell zu rächen. Ich las ihm den Befehl vor, und sagte endlich zu ihm: von dieser Stunde an haben sie ihre Freyheit, und ich bin sehr vergnügt, daß ich die Person habe seyn sollen, die sie ihnen ertheilen muß. Sehen sie mich nicht als ihre Gebieterinn, sondern als ihre gute Freundinn an. Er sprang vom Stuhle auf und küßte mir mit einer unaussprechlichen Freude die Hand, und ich ließ ihn diese Dankbarkeit sehr oft wiederholen, als fürchtete ich, ihn zu beleidigen, wenn ich die Hand zurücke zöge. Er stammelte etliche Worte vor Freuden hervor, und auch diese Sprache gefiel mir. Ich ließ den Aufsehern der Gefangnen Steeleys Befreyung gleich anzeigen, und die Wache, die ihn begleitet hatte, zurück gehn. Ich wollte ihnen, fuhr ich fort, gern mein Haus zum Auffenthalte anbieten, bis sie mit einer sichern Gelegenheit nach Moskau zurückkehren können; allein meine Umstände scheinen es zu verbieten. Der Jude wird ihnen schon eine Wohnung ausmachen. Sie dürfen um nichts bekümmert seyn, so lange ich noch hier bin. Er nahm Abschied, und ich sah in seinen Augen, daß er mir weit mehr zu sagen hatte, als er sagte, und ich kränkte mich, daß der Jude zugegen war. Diesem befahl ich, daß er nach der Tafel wieder zu mir kommen sollte. Also war dieser erste Besuch geendiget. Ich trat an das Fenster und wollte ihm nachsehn, und ich fragte mich in dem Augenblicke, warum ich dieses thäte; aber ich that es doch. Ich setzte mich zur Tafel und es reute mich, daß ich ihn nicht bey mir behalten hatte. Der Jude blieb mir schon zu lange, und ich hätte es sicher genug wissen können, daß ich Steeleyn mehr als bedauerte; allein ich fand es für gut, mich zu hintergehen. Ich stellte mir vor, daß Steeley vielleicht mit einer Caravane handelnder Kaufleute durch Hülfe des Juden in wenig Tagen von hier abgehn könnte, und ich verwehrte es ihm in meinen Gedanken schon, und wünschte, daß er in meiner Gesellschaft möchte zurück reisen können. Der Jude kam und versicherte mich, daß er seinen Gast sehr wohl aufgehoben, und ihn in das Haus gebracht hätte, das er meinem verstorbenen Gemahle vor zwey Jahren abgekauft. Ich erschrack über diese Nachricht, als ob sie von einer Vorbedeutung wäre, und ich war zugleich mit seiner Anstalt zufrieden. Ich rief den alten deutschen Bedienten, der mir von Curland aus nach Moskau und von Moskau nach Siberien gefolgt war, und den ich itzt noch bey mir habe, und befahl ihm, daß er mit dem Juden gehn und sehn sollte, was der Herr, der heute aus dem Arreste gekommen, in seiner Wohnung brauchte, weil er nach dem Befehle des Hofs bis zu seiner Abreise als eine Standsperson versorgt werden sollte. Er kam wieder und sagte mir, daß er, bis auf das weisse Geräthe und eine Madratze zum Schlafen, mit den nöthigsten Meubeln versehn wäre. Ich reichte ihm alles selbst, was er foderte, und zwar von jeder Art das Kostbarste, und war unwillig, daß der Bediente nicht mehr verlangte. Ich sagte ihm, daß er die Stücke genau zählen sollte, damit keines verlohren gienge, und mein Herz wußte doch nicht das geringste von dieser wirthschaftlichen Sorgfalt. Ich hieß ihn noch ein Flaschenfutter Wein mitnehmen. Und wenn ihr von ihm geht, fuhr ich fort: so könnt ihr ihn in euerm Namen fragen, ob er noch etwas zu befehlen hätte. Er kam nicht eher, als mit dem Abend wieder. Ich fragte ihn, wo er so lange geblieben wäre. Ach, hub er in seiner treuherzigen Sprache an, man kann von dem Herrn gar nicht wieder loskommen. Es ist ein rechter lieber Herr; alles was er sagt, nimmt einem das Herz. O wenn sies nur hätten hören sollen, wie er dem Himmel dankt, daß er ihn aus der Gefangenschaft errettet hat! Er mag recht fromm seyn, und ich weis nicht, wie ihn der liebe Gott nach Siberien hat führen können! Ich wollte ihn, als ich gieng, auskleiden helfen. Ach, sprach er, mein lieber Christian, gebt euch keine Mühe, ich habe mich in Siberien selber bedienen lernen. Es gieng mir recht nahe. Er hat auch ein recht gutes Ansehn. Wer weis, wie vornehm er von Geburt ist und hat doch in diesem verwünschten Lande so viel ausstehen müssen! Wenn sie mirs erlauben, so will ich ihn alle Tage etliche Stunden bedienen, damit es ihm wieder wohlgehe. Bey ihnen läßt er sich für alle Gnade, die sie ihm erzeigen, ganz unterthänigst bedanken, und um nichts als ein Buch bitten. Es wird auf diesem Zeddel stehn. Dieser Zeddel war ein Französisch Billet von diesem Innhalte:

Mein Glück scheint mir nur ein Traum zu seyn; und Sie überhäufen mich mit so vieler Gnade, daß ich gar nicht weis, wie ich dankbar genug seyn soll. Ich erzähle es dem Grafen und allen meinen Freunden, und allen meinen Landsleuten, schon in Gedancken, daß ich das großmüthigste Herz in Siberien angetroffen habe. Ach, Madam, wodurch verdiene ich ihre Sorgfalt? und wodurch kann ich sie in dem Reste meines unglücklichen Lebens verdienen? durch nichts, als durch Ehrerbietung – – –

Dieser kurze Brief gefiel mir sehr wohl. Ich brachte einen grossen Theil der Nacht mit einer geheimen Auslegung dieses Briefs zu. »Wodurch soll ich ihre Sorgfalt in dem Reste meines unglücklichen Lebens verdienen? durch Ehrerbietung«. Ich gab diesem Worte eine Bedeutung, wie sie mein Herz verlangte. Ich freute mich, da ich erwachte, daß der Tag schon da war. Ich eilte, und beschloß, Steeleyn des Mittags mit mir speisen zu lassen. Ich konnte den Bedienten nicht finden. Ich vermuthete, daß er bey seinem neuen Herrn seyn würde, und ich hatte Recht. In kurzem kam er. Ich warf ihm vor, daß er mich bald über seinen neuen Herrn vergessen würde, und schickte ihn mit zwey französischen Büchern wieder an Steeleyn, und ließ ihn bitten, zu Mittage mit mir zu speisen. Ich ließ etliche wenige Gerichte nach deutscher Art zurichten, und ihn zu Mittage in einem Schlitten abholen. Ich hatte mich nicht vornehm gekleidet, um ihm desto ähnlicher zu seyn; doch war ich sorgfältig genug gewesen, eine gute Wahl in meinem Anzuge zu treffen. Bey dieser Mahlzeit wollte ich, so zu reden, hinter mein eigen Herz kommen, und erfahren, ob meine Empfindungen mehr als Freundschaft wären. Mein Gast kam, und seine Mine war weit heitrer, als die gestrige, und wie mich dünkte, weit gefälliger. Er war besser, ob gleich noch Russisch gekleidet, als gestern. Dankbarkeit und Ehrerbietung redten aus ihm. Ich that, als ob meine Vorsorge für ihn eine Verordnung des Hofs wäre, und setzte mich ganz allein mit ihm zu Tische. Wir brachten über unsrer kleinen Mahlzeit wohl drey Stunden zu, und es schien mir, daß sie ihm eben so kurz ward, als mir. Er konnte sich noch nicht recht in das Ceremoniell, mit einer Dame, und vornehm zu speisen, finden, und ich hatte das Vergnügen, ihn alle Augenblicke durch eine kleine Höflichkeit zu erschrecken; ja, ich erfreute mich, daß ich ihn in der Wohlanständigkeit übertraf, weil ich merkte, daß er mir am Geiste überlegen war. Er mußte mir seine Begebenheiten noch einmal erzählen, und sie rührten mich, als ob ich sie noch nicht gehört hätte. Wir sprachen von dem Grafen, und er bezeigte ein so grosses Verlangen, ihn wieder zu sehn, daß ich lieber eifersüchtig geworden wäre. Mit einem Worte, mein Gast gefiel mir nach wenig Stunden so sehr, daß ich mir alle Gewalt anthun mußte, mich zu verstellen. Ich wünschte in denen Augenblicken, da uns unser Bedienter verließ, daß er mir etwas verbindliches sagen möchte, nur um zu wissen, ob ich ihm gefiele. Allein er blieb bey der Sprache der Ehrerbietung, und seine Augen redten eben die Sprache. Er nahm aus einer unglücklichen Höflichkeit, als wir vom Tische aufstunden, Abschied, und ich hatte das Herz nicht, ihn zu bitten, daß er länger bleiben sollte, weil ich mich zu verrathen glaubte. Ich ließ ihn also wieder in sein Quartier bringen. Und nun wußte ichs, ob ich ihm gewogen war. Ich war beleidigt, daß er mich schon verlassen hatte. Ich war unruhiger, als zuvor, und ich ward es nur mehr, ie weniger ichs seyn wollte. Ich stellte mir vor, daß ich ihm nicht gefiele, und kränkte mich, daß ich nicht reizend genug war, mehr als Hochachtung von ihm zu verdienen. Ich ward über dieser Vorstellung kleinmüthig, und rächte mich durch Geringschätzung an mir selber. Gleichwohl wollte ich nicht alle Hoffnung fahren lassen, und meine Liebe zu ihm mir auch nicht verbieten. Ich beschloß, ihn in drey Tagen wieder zu mir zu bitten. O was waren das für lange Tage für mich! Der Bediente erzählte mir binnen dieser Zeit, daß sein Herr in seiner Einsamkeit ganz tiefsinnig würde. Wie lieb war mir diese Nachricht! Ich war schwach genug ihn zu fragen, ob er nichts von mir gesprochen hätte. Er lobt sie über die maßen, sprach er, und fragt mich, so oft ich komme, wie sie sich befinden, und fragt nach allen Kleinigkeiten.

Nach drey Tagen war er wieder auf die vorige Art mein Gast. Er kam, und die Unruhe hatte sich in alle seine Blicke vertheilet. Er hatte sich durch den Juden ein Kleid nach deutscher Art machen lassen, und sah noch einmahl so jung aus. Ja, ja, dacht ich, er ist schön, er ist liebenswerth, aber nicht für dich. Ich glaubte, ich hätte alles Bange aus meinem Gesichte vertrieben, als er mich bey der Tafel um die Ursache fragte, warum er mich nicht so zufrieden sähe, als das letztemal. Ich erschrack über mein verrätherisches Gesicht, und über die Aufmerksamkeit, mit der er mich betrachtete, und schob die Schuld darauf, daß ich die Erlaubniß noch nicht vom Hofe bekommen hätte, nach Moskau zurück zu kehren. Aber, fuhr ich fort, was fehlet ihnen? die Freude über ihre Befreyung herrscht nicht mehr in ihrem Gesichte. Ist es das Verlangen nach ihrem Vaterlande, das sie beunruhiget? Ja, Madam, sprach er, mit niedergeschlagenen Augen. O wie war mir dieses Ja angenehm, das der Ton, mit dem ers aussprach, zu einem Nein machte. Haben sie vielleicht, fuhr ich fort, noch eine Braut in ihrem Vaterlande, die sie erwartet? Warum entziehen sie sich und mir das Vergnügen, von ihr zu sprechen? Ich gebe ihnen mein Wort, daß ich ihnen mit der Hälfte meines Vermögens dienen will, um ihre Reise zu beschleunigen und sie von meiner Freundschaft zu überzeugen. Er antwortete mir mit einem verschämten Blicke, und sagte weiter kein Wort. Ich wollte nunmehr mein Glück oder Unglück mit einem male wissen. Sie schweigen? Also haben sie eine Braut in London? Nein, rief er, Madam, der Himmel weis es, daß ich seit dem Tode meiner Braut ohne Liebe gewesen bin. Wie könnte ich ihnen etwas verschweigen? Ach wie könnte ich dieses? ich bitte sie, vermindern sie ihre Gütigkeit gegen mich. Ich bin unruhig, daß ich sie nicht verdiene. Dieß ist die wahre Ursache. Nunmehr war ich zufrieden, und er hätte aus meiner plötzlichen Veränderung leicht mein Herz errathen können; allein meine Freude that bey ihm eine entgegengesetzte Wirckung. Er ward nur trauriger, ie mehr ich ruhig war. Ich redte fast allein, und ich studirte seine Augen und sein Hertz aus. Er liebt dich, fieng ich zu mir selbst an, und nichts als die Gesetze der Dankbarkeit und Ehrerbietung legen seiner Liebe ein Stillschweigen auf. Er ist verschämt, das wünschest du; und er wünschet, daß du ihn zu dem Fehler nöthigen sollst, dir seine Liebe zu gestehen; und dieses verdient er. Ich verdoppelte meine Gefälligkeit, ohne sie über die Schranken der Freundschaft zu treiben. Mein Gemahl hatte ein kostbares Haus gebaut. Ich ließ alle Zimmer auf der Gallerie einheizen, und führte ihn nach der Tafel in alle, nur damit ich eine Gelegenheit hätte, ihn länger bey mir zu behalten. Als wir in das größte kamen, in welchem die Risse und Abzeichnungen von Festungen und Landschaften hiengen: so fragte ich ihn, ob er nicht auch einen Theil von seiner Arbeit hier fände. Ich sah, daß er nicht auf die Abzeichnungen, sondern auf mich Acht gab, und ich belohnte ihn gleich dafür. Ich will ihnen ihre Stücke zeigen, sprach ich; mein Gemahl hat mirs gesagt, daß die, unter welchen ein S. stünde, von ihnen wären. Er mag sie mit diesen Arbeiten wohl recht gequält haben. Ach, sprach er, Madam, sie könnten mich für alle meine Mühe auf einmal belohnen. Aber nein – – –. Ich wußte in der That nicht, was er verlangte, und ich bat ihn recht inständig, daß er mirs sagen sollte. Wollen sie mirs vergeben, rief er, wenn ichs ihnen gestehe? denn es ist eine Verwegenheit. Ja, sagen sies. Er öffnete darauf die Thüre von dem vorhergehenden Zimmer und wies auf mein Portrait. Madam, dieses Geschenk wollte ich mir wünschen, wenn ich Siberien verlasse. Diese Bitte war mir das angenehmste, was ich von ihm gehöret hatte. Ich gab ihm durch die Art, mit der ich sie anhörte, das Recht, sie zu wiederholen, und er hatte schon das Herz, mich bey der Hand zu fassen und meiner Hand durch die seine, ich weis nicht was für verbindliche Dinge, zu sagen. Ich begab mich geschwind mit ihm in das Tafelzimmer zurück, um gleichsam der Gewalt zu entfliehen, die er meinem Herzen anthat. Er merkte seinen Sieg nicht, und glaubte vielmehr, mich beleidiget zu haben. Er war von der Zeit an fast ganze acht Tage hindurch nichts als ein Freund, der mir durch eine strenge Ehrerbietung gefallen, oder ein Gast, der durch eine dankbare Schamhaftigkeit meine Höflichkeiten, die ich ihm alle Mittage erwies, bezahlen wollte. Ich konnte mich in das Geheimniß unsrer Herzen nicht finden. Wir hatten die Erlaubniß alle Tage mit einander umzugehen. Wir durften uns vor Niemanden scheuen, als vor uns selbst. Alles stund unter meinen Befehlen, und ich war denen, die um mich lebten, zu groß, als daß ich von ihnen bemerkt zu werden hätte fürchten dürfen. Dem ungeachtet schienen wir beide bey aller unserer Freyheit und bey unserm täglichen Umgange, an Statt daß wir vertrauter hätten werden sollen, einander nur desto fremder zu werden. Er hütete sich, mir die geringste Liebkosung zu machen, und ich nahm mich vielmehr, als im Anfange, in Acht, ihm Gelegenheit dazu zu geben. Wir sahn beide nicht, daß die Behutsamkeit, die wir in unsern Reden und in unsern Handlungen beobachteten, nichts als die stärkste Liebe war; oder besser, wir fühlten die Liebe so sehr, daß wir genöthiget wurden, uns strenge Gesetze vorzuschreiben. Ich ahmte ihm nach, und er ahmte an Bescheidenheit mir nach; und was war dieser Zwang anders, als die Sorge, einander zu gefallen, und die Ungewißheit, wie wir dieses einander ohne Fehler zu erkennen geben wollten? Alle Augenblicke erwartete ich ein vertrauliches Bekenntniß von ihm, und hinderte ihn doch durch mein Bezeigen daran, und befriedigte meinen Verdruß mit neuer Hoffnung. Wir hatten uns durch einen Umgang von zehn oder zwölf Tagen so ausgeredet, daß wir fast nichts mehr wußten, und wir wurden desto ärmer an Gesprächen, ie weniger wir unser Herz wollten reden lassen. Wir spielten gemeiniglich nach der Tafel Schach, ein Spiel, das für Verliebte eher eine Strafe, als ein Vergnügen ist, und das uns sehr beschwerlich gewesen seyn würde, wenn es uns nicht das Recht ertheilt hätte, einander genauer, als ausserdem, zu beobachten. Ich ließ meine Hand mit Fleiß immer lange auf dem Steine liegen, als wenn ich noch ungewiß wäre, ob ich ihn fortrücken wollte, und ich ließ sie doch nur für seine Augen da. Unsere Spiele wurden alle bald aus. Ich verstund es wirklich besser, als er; allein ein Blick in seine redlichen und zärtlichen Augen, und eine kleine Röthe, oder ein verschämter Seufzer, den ich ihm abnöthigte, war genug, mich zu dem einfältigsten Zuge zu bewegen. Wir wiederholten diesen Zeitvertreib ganze Stunden, ohne zehn Worte zu reden, und wir befanden uns so gut dabey, daß wir recht von der Tafel eilten, um zum Schache zu kommen. Unser Umgang hatte nunmehr ungefehr vier Wochen gedauert, und binnen dieser Zeit hatten wir einander nicht länger, als fünf Tage, nicht gesehen, und dennoch waren wir, so sehr wir einander gefielen, nicht vertrauter, als im Anfange; und wir würden unstreitig diesen Charakter noch länger behauptet haben, wenn unsere Herzen nicht durch einen Zufall übereilet worden wären. Der Jude besuchte uns nämlich unvermuthet bey Tische und kündigte Steeleyn an, daß morgen eine Lieferung für den Hof nach Moskau abgehen würde, und daß er für so und so viel Geld sicher und ziemlich bequem mit fortkommen könnte. Ich erschrack über diese Nachricht, daß ich nicht ein Wort sagen konnte, und Steeley eben so sehr. Wenn, rief er, wenn soll ich fort? Geht nur in mein Quartier, ich will gleich nachkommen. Der Jude verließ uns. Und nun gieng eine traurige Scene an. Ach Madam, fieng Steeley an, und schon liefen ihm die Thränen über die Wangen; ach Madam, ich soll schon fort? Morgen schon? Und was macht ihnen denn ihre Abreise so sauer? Er entsetzte sich über diese Frage und gerieth in eine kleine Hitze. Sie fragen mich noch, was mir meinen Abschied sauer macht? Sie! Und auf einmal ward er still und suchte seine Wehmuth zu verbergen. Mit welcher Entzückung sah ich mich von ihm geliebt! Ich schwieg still, oder konnte vielmehr nicht reden. Er wollte fortgehn, und ich nahm ihn in der Angst bey der Hand. Wo wollen sie hin? Ich will mich, sprach er, für meine Verwegenheit bestrafen, die ich itzt begangen habe, und Abschied von ihnen nehmen und – –. Aber wenn ich sie nun ersuchte, noch nicht fortzureisen, wollten sie nicht bey mir bleiben? Wollten sie nicht ihr Vaterland, ihre Freunde, einige Zeit später sehn? Ach, Madam, rief er, ich will alles, ich will mein Vaterland ewig vergessen, für sie vergessen. Sagen sie mir nur, ob sie mich – – ob sie mich hassen? Ich liebe sie, fieng ich an, es ist nicht mehr Zeit mich zu verbergen, und wenn sie mich lieben: so bleiben sie hier, und reisen sie in meiner Gesellschaft. Nunmehr wagte er die erste Umarmung, und o Himmel! was war dieses nach einem so langen Zwange für ein unaussprechliches Vergnügen! Wie viel tausendmal sagte er mir, daß er mich liebte, und wie vielmal sagte ichs, und durch wie viele Küsse, durch wie viele Seufzer wiederholten wir unser Bekenntniß! Nun redte unser Herz allein. Er fragte mich, ob ich seine Liebe nicht gemerkt hätte, und ich fragte ihn eben das. Wir erzählten einander die Geschichte unsrer Empfindungen, und unser Umgang war von dieser Stunde an Liebe und Freude. Die Lieferung gieng fort, und mein Liebhaber blieb mit tausend Freuden zurück. Ich schickte noch ein Memorial an den Hof mit ab, um die Erlaubniß zu meiner Abreise zu beschleunigen.

Waren wir vorher nur halbe Tage beysammen gewesen: so wurden uns nunmehr ganze noch zu unserer Liebe zu kurz. Er suchte meine Liebe, die er schon gewiß besaß, durch die bescheidene Art, mit der er sie genoß, erst zu verdienen, und ich, die ich acht Jahre vermählt gewesen, ohne die Liebe zu kennen, lernte ihren Werth unter den unschuldigsten Liebkosungen erst schätzen. Ich versprach ihm, wenn er mir nicht nach Curland folgen wollte, mit ihm in sein Vaterland zu gehen, und wenn ich in Moskau die Erlaubniß, dahin zurück zu kehren, nicht erhalten könnte, mich mit ihm insgeheim wegzubegeben. Bis auf diese Zeit, sprach ich, bin ich ihre Braut, und sobald wir uns an einem Orte niederlassen, ihre Gemahlinn.

Wir unterhielten uns mit den Vorstellungen von unserm künftigen Glücke noch vierzehn Tage, als ich endlich die Erlaubniß und die Passeporte vom Hofe erhielt, mich nach Moskau zurück zu begeben. Mein Liebhaber war gleich bey mir. Und wie eilten wir, aus diesem traurigen Lande zu kommen! Der Commendant von einem nah gelegenen Schlosse war zum Nachfolger meines Gemahls ernannt. Ich übergab ihm binnen acht Tagen die Rechnungen meines Gemahls; allein er sahe sie nicht an. Ihr Gemahl, sprach er, war ein guter Freund und auch ein Freund des Hofs. Er wird schon gut hausgehalten haben, und ich bin alt genug, ihm bald im Tode nachzufolgen. Ich bat ihn, daß er Befehl zu meiner Abreise geben, und die Meubeln und das Haus meines Gemahls von mir zum Abschiede annehmen sollte. Ich nehme es an, sprach er; sie aber haben die Freyheit, was ihnen gefällt, mit sich zu nehmen; die ihrem Stande gemässe Bedeckung ist alle Stunden zu ihren Diensten.

Ich reiste also mit zween Wagen unter einer starken Bedeckung in der Mitte des Junius fort. Mein Gemahl hatte mir über hunderttausend Rubeln meistens an Golde und Juwelen hinterlassen. Die eine Hälfte nahmen wir auf unsern Wagen, und die andere auf den, wo unser Christian nebst einigen befreyten Gefangnen saß. Steeley ließ, ehe wir abreisten, alle Gefangene, in und um Tobolskoy herum, kleiden, sie drey Tage speisen, und jedem etliche Rubeln geben. Es mochten ihrer etliche funfzig seyn.

Wir kamen nach einer beschwerlichen Reise von fünf Wochen, die wir Tag und Nacht fortsetzten (weil die Nacht in den warmen Monaten fast so hell, wie der Tag, bleibt) glücklich in Moskau an. Ich wollte nicht öffentlich bey Hofe erscheinen, und ich suchte nichts, als der Geliebten des Zaars, deren Fräulein ich gewesen war, insgeheim aufzuwarten. Die großmüthige Catharina empfieng mich auf dem Lustschlosse Taninska sehr liebreich. Ich mußte acht Tage bey ihr bleiben; allein alle die Gnade, die sie mir unter dieser Zeit erwies, war mir ohne meinen Geliebten eine unerträgliche Last. Sie hörte, daß ich nichts wünschte, als das Glück, nach Curland zurück zu kehren, und sie verschaffte mirs, weil sie nur befehlen durfte. Ich eilte nach der Stadt zurück und ließ meinen lieben Reisegefährten, der bey dem englischen Kaufmanne abgetreten war, aufsuchen. Mein Christian brachte mir die betrübte Nachricht, daß er krank und nicht im Stande wäre, zu mir zu kommen. Ich ließ mich den Augenblick zu ihm fahren. Seine Krankheit war nichts, als der Kummer um mich. Ach, rief er mir entgegen, habe ich sie nicht verlohren? Sind sie noch meine beständige Freundinn? Ich bewies es ihm und blieb den ganzen Tag bey ihm. Er zeigte mir Briefe aus London, und insonderheit die, welche der Herr Graf an ihn zurückgelassen hatte. Es war wirklich mein Vorsatz nach Curland zu gehn, und nichts, als die Schwachheit meines Geliebten, hinderte die Abreise. Endlich erhielt er Briefe von dem Herrn Grafen. Ach, sprach er zu mir, er hat seine Gemahlinn wieder gefunden, er lebt mit ihr in Holland. Wollen wir nicht zu ihm reisen? wie glücklich würden wir bey ihm seyn! Mehr brauchte er nicht, um mich meinem Vaterlande zu entziehen.

Nun war es beschlossen, wir giengen nach Holland. Ich setzte mich mit ihm zu Ende des Augusts zu Schiffe, und auch die See ward mir durch die Liebe angenehm. Wir haben nichts als eine kleine Seekrankheit und etliche Stürme ausgestanden, die uns nichts gethan, als daß sie uns ein Paar Wochen länger auf der See aufgehalten haben. Wir sind schon vor vier Tagen ans Land gestiegen und gestern früh zu Lande hier angekommen.

Dieß war die Geschichte von Amaliens und Steeleys Liebe.

Die beiden ersten Tage verstrichen uns unter lauter Erzählungen, und der dritte war der Vermählungstag. Ich und Caroline kleideten unsere Braut an, und verliebten uns recht in sie, so reizend war sie; allein der, für den sie so reizend war, hatte nicht weniger männliche Schönheiten. Wir führten sie in sein Zimmer. Itzt, sprach sie, ist es noch Zeit, wenn sie Lust haben, eine andere zu wählen, und umarmte ihn. R – – kam bald darauf mit seinem guten Freunde, einem Prediger bey der französischen Gemeine, der sie vermählen sollte. Er hatte ihm die Umstände von beiden gesagt. Wir setzten uns nieder und wir wußten nicht, daß unser Geistlicher eine Rede halten würde. Er that es mit so vieler Beredsamkeit und mit so vielem Geiste, daß wir alle ausser uns kamen und uns keine grössere Wollust auf diesen Tag hätten erdenken können. Er redte von den wunderbaren Wegen der Vorsehung bey dem Schicksale der Menschen. Man stelle sich den Grafen und Steeleyn mit allen ihren Unglücksfällen, seine Braut, mich, kurz, uns alle vor, wenn man wissen will, was diese vernünftige Rede für einen Eindruck in unsere Herzen machte. Unsere Seele erweiterte sich durch die hohen Vorstellungen, um den Umfang der göttlichen Rathschlüsse in Ansehung unsers Schicksals zu übersehn, und die Empfindungen der Verwunderung und der Dankbarkeit wuchsen mit unsern erhabnen Vorstellungen. Leuten, die niemals im Unglücke gewesen, Leuten, die zu frostig sind, andrer Unglück zu fühlen, wird das Vergnügen, das wir aus dieser Rede schöpften, als ein scheinheiliges Räzel vorkommen. Sie werden sich nicht einbilden können, wie sich solche ernsthafte Betrachtungen zu einem Tage der Freude und der Liebe schicken; allein sie werden mir auch nicht zumuthen, daß ich ihnen eine Sache beweisen soll, die auf die Empfindung ankömmt.

So vergieng der Vormittag, und Steeley und Amalie waren verbunden, und unser Bündniß war auch wieder erneuert. Unser Geistlicher, der uns ein recht lieber Gast gewesen seyn würde, wollte nicht bey uns bleiben, so sehr wir ihn auch baten. Er sagte, daß er den Nachmittag bey einem jungen Menschen zubringen würde, der sich aus Schwermuth das Leben hätte nehmen wollen, aber noch an dem Selbstmorde gehindert worden wäre. Er bat uns, ob wir nicht zur Verbesserung seiner elenden Umstände etwas beytragen und ihn mit einigen Arzneyen versehen lassen wollten, damit nicht die Krankheit des Gemüths durch ein verdorbnes Blut noch mehr unterhalten würde. Weil es schien, daß er die besondern Umstände dieses Menschen mit Fleiß verschwieg: so wollten wir nicht zur Unzeit neugierig seyn. Wir fragten also nichts, als wo er anzutreffen wäre. Er nannte uns eine alte Schifferinn, die ihn, wie er gehört, nur vor etlichen Tagen in ihre Hütte aus Mitleiden eingenommen, in der er sich gestern durch ein Messer, doch ohne Lebensgefahr, verwundet hätte. Wir sagten ihm, daß er nicht bitten, sondern uns vorschreiben sollte, wie ers mit dem Kranken gehalten wissen wollte; weil wir gar keine Ueberwindung nöthig hätten, einem Elenden mit einem Theile von unserm Vermögen zu dienen. Wir schickten ihm, sobald der Geistliche weg war, Betten und andere Sachen. Unser Doctor mußte kommen, und das unglückliche Mädchen, von der ich oben geredt habe, und die itzt Aufseherinn in meinem Hause war, mußte ihn zu dem Kranken begleiten, um zu hören, was er für Anstalten wegen der Speisen und des Getränks machen würde, damit sie alles nach seiner Vorschrift einrichten könnte.

Wir setzten uns zur Tafel und wir wären eines solchen Tages nicht werth gewesen, wenn wir ihn nicht zu geniessen gewußt hätten. Eins war zu dem Vergnügen des andern sinnreich; und Kleinigkeiten, die andre aus Mangel der Vertraulichkeit, oder auch des Geschmacks, vorüber gehn, dienten uns in unserer Gesellschaft zu neuen Unterhaltungen, und erhielten durch die Art, mit der wir uns ihrer bedienten, den Werth, den die prächtigsten Mittel der Freude am wenigsten haben. Kleine Zänkereyen, die Amalie mit Steeleyn wegen des Cosackischen Mädchens anfieng, kleine Vorwürfe, womit wir einander erschreckten, beseelten unsere Vertraulichkeit, und jeder unschuldige Scherz gab uns eine neue Scene des Vergnügens. Die Aufseherinn, die wir zu dem Kranken geschickt hatten, kam mit offnen Armen zurück und erzählte uns, daß sie ihren ungetreuen Liebhaber wieder gefunden, und daß es der Elende selbst wäre, für den wir gesorgt hätten. Er, rief sie, hat mir alles mit tausend Thränen abgebeten, und ich habe ihm alles vergeben, und ich bitte für ihn. Sein Gewissen hat ihn mehr als zu sehr bestraft. Er sagte mir, daß er sich, da er mich so boshaft verlassen, nach Harlem gewendet und sich allen Ausschweifungen überlassen hätte, um nicht an das zu denken, was er gethan. Einige Monate sey es ihm gelungen, nachdem aber hätte er sich der entsetzlichen Vorstellungen, daß er mich und die Frucht unsrer Liebe durch seine Untreue vielleicht ums Leben gebracht, nicht länger erwehren können. Sie hätten ihn genöthigt, an den Ort zurück zu kehren, wo er mich verlassen, und da er weder das Herz gehabt, sich genau nach mir zu erkundigen, noch auch gewußt hätte, wo er es thun sollte: so hätte ihn endlich eine alte Schifferinn auf eben der Wiese, wo er von mir gewichen, und auf der er schon zween Tage zugebracht, in der größten Verzweiflung angetroffen und ihn mit sich in ihre Hütte genommen. Hier hätte er, da er ohnedieß nichts mehr zu leben gehabt, sein Elend durch den Selbstmord endigen und sich zugleich für seine Bosheit bestrafen wollen. Es steht bey ihnen, fuhr sie fort, ob sie ihm durch ihre Wohlthaten das Leben und mich wiedergeben wollen. Ich liebe ihn, als ob er mich nie beleidiget hätte, allein (hier sah sie mich an) sie zu verlassen, das kann ich nicht – – Sie verdiente unsere Gewogenheit und unser Vergnügen über ihr Glück. Wir liessen ihren Liebhaber in das Haus neben uns bringen und besuchten ihn den Abend noch. Seine Wunde war nicht gefährlich, und die Freude, seine Geliebte wieder gefunden zu haben, hatte ihm so viel Lebhaftigkeit ertheilt, daß er mit uns sprechen und uns seinen Fehler abbitten konnte. Er wollte uns alles erzählen; allein wir waren mit seiner Reue zufrieden und erliessen ihm die Schaam, sein eigner Ankläger zu werden. Wir sahen in seinem zerstreuten und ausgezehrten Gesichte noch Spuren genug von einer angenehmen Bildung und einem zärtlichen Herzen. Er war noch nicht vier und zwanzig Jahr alt und wegen seiner Jugend der Vergebung und des Mitleids desto würdiger.

Den Rest des Abends brachten wir mit einer Musik zu, die wir uns selber machten. Ich spielte den Flügel, und bald sang ich selbst, bald Amalie, oder Caroline, dazu. Meine kleine Tochter, die in das sechste Jahr gieng, war so verwegen, Steeleyn zu einem Tanze aufzufodern, und sie hätte uns bald alle zu dieser Lust verführt. Wir führten endlich unsre beiden Vermählten in ihr Schlafzimmer und überliessen sie den Wünschen der Liebe.

Als ich mich den Morgen darauf noch mit dem Grafen berathschlagte, was wir unserm Paare heute für ein Vergnügen machen wollten, trat der Bediente herein und sagte, daß ein Engelländer meinen Gemahl sprechen wollte. Sobald er die Thüre öffnete, so sagte uns sein Gesicht, daß es Steeleys Vater wäre. Er hatte ein eisgraues Haupt; aber seine muntern Augen, sein rothes Gesicht, und sein trotziger Gang widerlegten seine Haare. Ich suche, fieng er auf französisch an, meinen Sohn bey ihnen, oder da ich in meinem Leben wohl nicht so glücklich seyn werde, ihn wieder zu sehen: so will ich wenigstens hören, ob sie nicht wissen, wo er ist. Meine Nachricht aus Moskau geht nicht weiter, als daß ich gewiß weis, daß er aus seinem Elende in Siberien hat sollen befreyt werden. Und aus Verlangen einen so theuern Freund von meinem Sohne zu sprechen, bin ich in meinem neun und siebenzigsten Jahre noch einmal zur See gegangen. Ihre Reise, fieng mein Gemahl an, soll sie nicht gereuen. Ich habe Briefe von ihrem Sohne aus Moskau und kann ihnen die erfreuliche Nachricht von seiner baldigen Ankunft zum Voraus melden. Wie lange können sie sich hier aufhalten? Das ganze Jahr hindurch, sprach der Alte, und noch länger, wenn ich meinen Sohn erwarten kann. Mein Gemahl befriedigte seine väterliche Neubegierde mit einigen besondern Nachrichten, und ich eilte zu unserm zärtlichen Paare, um zu sehen, ob sie angekleidet wären. Sie giengen beide noch in ihren Schlafkleidern, und ich ließ dem Grafen heimlich sagen, daß sie aufgestanden wären. Mein Gemahl, sprach ich, nach einigen kleinen Fragen, wird gleich kommen und sie zu einer Spazierfahrt einladen. Indem öffnete er schon die Thüre und trat mit dem Alten herein. In dem Augenblicke riß sich Steeley von seiner Gemahlinn, die ihn in den Armen hatte, los, und lief auf seinen Vater zu. Der Alte sahe ihn nach der ersten Umarmung lange an, ohne ein Wort zu sagen. Ja, rief er endlich, du bist mein Sohn, du bist mein lieber Sohn! Gottlob, nun will ich gern sterben. Mein Sohn, gieb mir einen Stuhl, meine Füsse wollen mich nicht mehr halten. Amalie langte ihm einen und wir traten alle vor ihn. Seine erste Frage war, wer Amalie wäre. Seit gestern, sprach sie, bin ich die Gemahlinn ihres Sohnes. Sind sie mit seiner Wahl zufrieden? Er nahm sie recht liebreich bey der Hand. Ist es gewiß, daß sie meine Tochter sind: so küssen sie mich, und sagen sie mir, aus welchem Lande sie sind. Er machte ihr darauf die größten Liebkosungen, und that allerhand Fragen, die seinem ehrlichen Charakter gemäß und uns deswegen angenehm waren, wenn sie gleich nicht die wichtigsten waren. Es mißfiel ihm, da er hörte, daß wir nicht getanzt hätten. Nicht getanzt? fieng er an, wie traurig muß diese Hochzeit gewesen seyn! Nein, was unsere Vorfahren für gut befunden haben, das muß man nicht abkommen lassen. An seinem Hochzeittage muß man froh seyn. Wenn wir nach London kommen: so will ich alles so anordnen, wie es an meiner Hochzeit war. Es sind Gottlob! schon funfzig Jahre verstrichen, und ich weis alles noch so genau, als ob es erst gestern geschehen wäre. Es ist wahr, sprach er zu Amalien, sie sehn viel schöner aus, als meine selige Frau an ihrem Brauttage sah; aber sie war viel besser angezogen. Er beschrieb ihr mit der Freude eines Alten, dem das gefällt, was in seiner Jugend Mode gewesen, den ganzen Anzug seiner Frau, und sie versprach ihm, wenigstens um den Kopf und den Hals einen Theil von diesem Staate nachzuahmen. Sie that es auch, und in einem engen Leibchen und grossen weissen Ermeln, drey oder viermal mit Bande gebunden, und in Locken, die bis auf die Schultern hiengen, gefiel sie ihm erst recht wohl. Sein Sohn mußte ihm sein Schicksal erzählen. Er weinete die bittersten Thränen, wenn Steeley auf eine betrübte Begebenheit kam; und mitten unter den Thränen machte er hier und da noch allerhand Anmerkungen. Er fuhr ihn z. E. bey dem Anfange seiner Geschichte recht väterlich an, daß er den Gesandten verlassen hätte und ein Soldat geworden wäre. Bald darauf umarmte er ihn, daß er so rechtschaffen an den Grafen gehandelt hätte, als er auf dem Wege krank geworden. Da erkenne ich meinen Sohn, rief er. Gott weis es, ich hätte es eben so gemacht; das heißt seinen Freunden in der Noth dienen! Bey der Begebenheit mit dem Popen in Rußland machte er ihm keine Vorwürfe. Deine Liebe zur Wahrheit, sprach er, ist dir freylich übel bekommen, und ich wünschte, es wäre nicht geschehn; aber es ist doch allemal besser, seine Meinung frey heraus zu sagen, als mit einer niederträchtigen Furchtsamkeit zu reden. Ich sehe dich, weil die Sache von der Religion hergekommen ist, als einen Märtyrer an; und ich danke Gott für den Muth, den er dir gegeben hat. Bey den grossen Diensten, die der Graf Steeleyn in Siberien erwiesen, nahm er eine recht majestätische Mine an. Nun, sprach er, das ist Großmuth! mehr kann kein Freund an dem andern thun. Ach Herr Graf, sie haben noch ein redlicher Herz als ich und mein Sohn. Ihnen habe ich meinen Sohn zu danken. Ja, in meinem ganzen Leben, noch in jenem Leben will ich sie rühmen. Die Geschichte der Liebe mit Amalien trug Steeley auf der Seite vor, wo er wußte, daß sie seinen Vater am meisten rühren würde. Er ließ alles Freundschaft in ihrem Umgange seyn, und die Liebe nicht eher, als kurz vor der Abreise aus Moskau, entstehen. Alles gefiel ihm, alles war schön an Amalien, und ie mehr er aus der ganzen Erzählung schloß, daß Amalie vor ihrer Vermählung seinem Sohne keine vertrauliche Liebe erlaubt, desto freudiger ward er, und desto mehr Hochachtung bezeigte er ihr. Da die Erzählung geendigt war, umarmte er Amalien noch einmal. Ach, sprach er, mein Sohn ist ihrer nicht werth. Er verdient eine liebe Frau; aber wodurch hat er sie verdient? Kommen sie mit nach London, ich habe ein grosses Haus und es ist in der ganzen Welt nicht besser, als in London. Was? fieng ich an, als in London? und hier bey ihnen, fuhr er lächelnd fort, und fragte mich, ob ich ihn denn auch etliche Tage bey mir behalten und mir seine Art zu leben, die nicht nach der Welt wäre, gefallen lassen wollte. Er war wirklich bey allen seinen kleinen Fehlern ein rechter liebenswürdiger Mann, und die Aufrichtigkeit, mit der er sie begieng, machte sie angenehm. Er war dreist, ohne die Höflichkeit zu beleidigen, und seine Vorurtheile waren entweder unschuldig, oder doch dem Umgange nicht beschwerlich. Wir begiengen diesen und den folgenden Tag das Hochzeitfest nach seinem Plane. Er war auf die anständigste Art munter, und weckte uns alle durch sein Beyspiel auf. Sein Leibspruch war, man kann fromm und auch vergnügt seyn. Mein Sohn, sprach er, hat mir viel bekümmerte Stunden gemacht, nun soll er mir freudige Tage machen. Er tanzte denselben Abend bis um eilf Uhr und war gegen R – – und den Grafen, und gegen seinen Sohn selbst, ein Jüngling. Das heißt, fieng er endlich an, recht ausgeschweift. So spät bin ich seit vierzig Jahren nicht zu Bette gegangen. Aber ist doch das Tanzen keine Sünde. Wenn ich nun auch diese Nacht stürbe, so würde mir meine Freude doch nichts schaden. R – – fragte ihn bey dieser Gelegenheit, wie er sich denn bis in sein hohes Alter so munter erhalten, und wodurch er die Furcht vor dem Tode besiegt hätte, da er ihm nach seinen Jahren so nah wäre. Daß ich noch so munter bin, sprach er, das ist eine Gabe von Gott und eine Wirkung eines ordentlichen Lebens, zu dem ich von den ersten Jahren an gewöhnet worden bin. Und warum sollte ich mich vor dem Tode fürchten? Ich bin ein Kaufmann: ich habe meine Pflicht in Acht genommen, und Gott weis, daß ich Niemanden mit Willen um einen Pfennig betrogen habe. Ich bin gegen die Nothleidenden gütig gewesen, und Gott wird es auch gegen mich seyn. Die Welt hier ist schön; aber jene wird noch besser seyn – – Mußte man einen solchen Mann nicht lieben, der von Jugend auf mit dem Gewinn umgegangen war und doch ein so edelmüthiges Herz hatte? Er bezeigte über das grosse Vermögen, das Amalie besaß, keine besondere Freude.

Mein Sohn, sprach er, du hast ein Glück mehr, als andre Leute; aber du hast auch eine Last mehr, wenn du dein Glück recht gebrauchen willst.

Nachdem er das Vergnügen eingesammlet hatte, das sich ein Vater in seinen Umständen wünschen konnte: so waren alle unsre Bitten nicht vermögend, ihn von der Rückkehr in sein Vaterland abzuhalten. Ich will in Londen sterben, sprach er, und bey meiner Frau begraben werden; lassen sie mich reisen, ehe die See stürmisch wird. Ich will ihnen meinen Sohn zurück lassen und zufrieden seyn, wenn er künftiges Jahr zu mir kömmt. Der junge Steeley wollte seinen Vater nicht gern allein reisen lassen, und sich doch auch nicht von uns trennen. Mit einem Worte, wir entschlossen uns alle, Carolinen ausgenommen, ihn nach Londen zu begleiten und den Winter über da zu bleiben. Dieses hatte der Alte gewünscht; aber nicht das Herz gehabt, es uns zuzumuthen. Ehe wir fortgiengen, stifteten wir noch ein gutes Werk. Wid, so hieß der junge Mensch, der seine Geliebte ehemals verlassen hatte, war völlig von seiner Krankheit wieder hergestellt. Er wünschte nichts, als seine Braut zu besitzen, und mit seinem Vater wieder ausgesöhnt zu werden. Wir hatten an ihn geschrieben; aber er wollte nichts von seinem Sohne mehr wissen, und versicherte uns, daß er ihn, so geringe sein Vermögen wäre, doch schon enterbt hätte. Der junge Wid dauerte uns, und wir sahen, daß er die Thorheit seiner Jugend in seinen männlichen Jahren wieder gut machen würde. Er hatte in Leiden bis in sein siebenzehentes Jahr studirt, und nachdem auf seines Vaters Willen in ein Contoir gehen müssen. Andreas war auf das erste Wort willig, ihn in seine Handlung zu nehmen. Wir machten ihm eine kleine Hochzeit. Amalie stattete die Braut sehr reichlich aus, und der alte Steeley und der Graf gaben ihm auch tausend Thaler. Wir streckten ihm überdieß noch ein Capital in die Handlung vor und meldeten alles dieses seinem Vater, um ihn desto eher zu gewinnen. Wir überliessen also Carolinen unsre Tochter und unser Haus zur Aufsicht, und giengen zwölf Tage nach des alten Steeley Ankunft zur See. Der Wind war uns so günstig, daß wir in wenig Tagen nur noch etliche Meilen von Londen waren. Wir trafen ein Paquetboot an, und um eher am Lande zu seyn, setzten wir uns in dieses; allein zu unserm Unglücke. Wir waren alle in dem Boote, bis auf den alten Christian der Amalie. Dieser wollte seinem Herrn die Chatoulle, in welcher der größte Theil von Amaliens Vermögen an Kleinodien und Golde war, von dem Schiffe zulangen. Steeley und ein Bedienter des Grafen griffen auch wirklich darnach; allein vergebens. Christian, es mag nun seine Unvorsichtigkeit oder das Schwanken des Schiffes schuld gewesen seyn, ließ vor unsern Augen die Chatoulle in die See fallen und schoß in dem Augenblicke, entweder aus Schrecken, oder weil er sich zu sehr über Bord gebogen hatte, selbst nach. Wir hatten alle Mühe, ihm das Leben zu retten, und ein Schatz von mehr als funfzig tausend Thalern war in einem Augenblicke verlohren. Bin ich ihnen, fieng endlich Amalie zu ihrem Manne an, als Christian in dem Boote war, bin ich ihnen noch so lieb, als zuvor? Steeley betheuerte es ihr mit einem heiligen Schwure, und nun war sie zufrieden. Der alte Steeley, so wenig er das Geld liebte, konnte doch den Zufall nicht vergessen. Er hielt dem alten Christian eine lange Strafpredigt. Endlich nahm er Amalien bey der Hand. Seyn sie getrost, sprach er, ich habe Gottlob! so viel, daß sie beide nach meinem Tode ohne Kummer mit einander werden leben können. Den armen Christian kostete diese Begebenheit dennoch das Leben. Er kam krank nach London und starb bald nach unsrer Ankunft. Amalie und Steeley hatten eine ausserordentliche Liebe für diesen Menschen, und sie liessen ihn den verursachten Verlust so wenig entgelten, daß sie ihn vielmehr für seine Treue auf die großmüthigste Art noch auf seinem Sterbebette belohnten. Sobald sie von dem

Doctor hörten, daß wenig Hoffnung zu seinem Aufkommen übrig wäre: so liessen sie ihn in ein Zimmer neben dem ihrigen legen, um ihn recht sichtbar zu überführen, daß sie nicht auf ihn zürnten, denn dieses war sein Kummer. Kurz vor seinem Tode besuchte ich ihn noch mit Amalien. Der alte Steeley kam auch und setzte sich vor das Bette des Kranken, um ihn sterben zu sehn. Er hat ein sanftes Ende, fieng er zu uns an, und wenn es seyn müßte, ich wollte gleich mit ihm sterben. Der Sterbende schien sich noch einmal aufrichten zu wollen, und indem schoß ihm ein Strom vom Blute aus dem Munde, und Christian war todt. Bin ich nicht erschrocken? rief der Alte zitternd. Wir wollten ihn in das andere Zimmer führen; allein er konnte sich nicht aufrecht erhalten, und wir mußten ihn hinein tragen lassen. Laßt mir meinen Großvaterstuhl bringen, fieng er an, in diesem will ich sterben, ich fühle mein Ende. Man brachte ihm den Stuhl und er ließ ihn vor das Fenster, das nach dem Garten gieng, setzen, damit er den Himmel ansehn könnte. Er hub seine Hände auf, und bat uns, (wir waren alle zugegen) daß wir ihn nicht stören sollten. Nachdem er sein Gebet verrichtet, rief er seinen Sohn. Ich fühle es, sprach er, daß ich bald sterben werde. Der gute Christian hat mich recht erschreckt; aber wer kann dafür? Hier hast du den Schlüssel zu meinem Schreibetische. Gott segne dir und deiner Frau das Vermögen, das ich euch hinterlasse. Es ist kein Heller von unrechtmäßigem Gute dabey. Der Doctor, nach dem wir geschickt hatten, kam und öffnete ihm eine Ader, wozu der Alte anfangs gar nicht geneigt war. Doch es gieng kein Blut. Er schlug ihm eine an dem Fusse, und auch da kam keines. Sieht er, sprach der Alte, daß seine Kunst nichts hilft, wenn Gott nicht will? Was hat er nunmehr für Hoffnung? Keine, sprach der Medicus. So gefällt er mir, war seine Antwort, wenn er aufrichtig redt. Bedienen sie sich, fuhr der Doctor fort, der guten Augenblicke, wenn sie noch einige Anstalten zu treffen haben. Der Alte lächelte:

als wenn ich in achtzig Jahren nicht Zeit genug gehabt hätte, die Anstalt zu meinem Tode zu treffen. Gott, fuhr er fort, kann mich rufen, wenn er will, ich bin fertig, bis auf das Abschied nehmen. Wo sind meine Kinder und meine lieben Gäste? Wir traten alle mit thränenden Augen vor ihn, und er nahm von einem jeden insbesondere Abschied. Ach, fieng er darauf an, wie schön wirds in jener Welt seyn! Ich freue mich recht darauf; und wen werd ich von ihnen am ersten da umarmen? – – Es wird mir ganz dunkel vor den Augen: aber sonst ist mir recht wohl, recht – – Bey diesen Worten überfiel ihn eine Ohnmacht und bald darauf starb er.

Der Anfang unsers Aufenthalts in London war also traurig und das Geräusche der Stadt und der Besuch ward uns so beschwerlich, daß wir uns gleich nach der Beerdigung entschlossen, den Rest des Herbsts und den Winter selbst auf Steeleyns Landgute, das etliche Meilen von London war, zuzubringen.

Wir lebten daselbst sechs Monate recht zufrieden und meistens einsam, ausser, daß wir zuweilen die Schwester von der ehmaligen Braut unsers Steeley besuchten, und wieder von ihr besucht wurden. Sie war von ihrer ganzen Familie noch allein am Leben, und entschlossen, niemals zu heyrathen. Niemand, als sie, wußte, wer mein Gemahl war, denn die andern Nachbarn kannten ihn nicht anders, als unter dem Namen des Herrn von Loewenhoeck. Dieses Frauenzimmer, die nichts weniger, als schön war, besaß doch die liebenswürdigsten Eigenschaften. Amalie, sie und ich, brachten manche Stunde bey der Gruft ihrer Schwester zu, und ehrten ihr Andenken mit unsern Thränen.

Es war Frühling und viele Familien aus London besuchten nunmehr das Land. Das nächste Gut an dem unsrigen gehörte dem Staatssecretair Robert. Dieser hatte mit Steeleyn ehemals in Oxford studirt, und Steeley war sehr begierig, ihn nach so vielen Jahren einmal wieder zu sehn. Er schrieb an ihn, so bald er hörte, daß er auf dem Landgute angekommen war, und bat um die Erlaubniß, daß er ihn nebst seiner Frau und noch ein Paar guten Freunden besuchen dürfte. Robert, der noch gar nicht gewußt hatte, daß Steeley wieder aus Moskau zurück gekommen war, schickte ihm den andern Tag eine Antwort voll Sehnsucht und Freundschaft, und zugleich seinen eignen Wagen. R. war unpaß, und wir fuhren also ohne ihn zu Roberten, und kamen kurz vor der Mittagsmahlzeit an. Er empfieng uns mit vieler Höflichkeit, und Steeley präsentirte ihm meinen Gemahl unter seinem angenommenen Namen, als einen Freund, den er mit aus Siberien gebracht. Unser Wirth, der ganz allein war, nöthigte uns ohne Verzug zur Tafel, damit er ungestört mit uns reden könnte. Wir hatten uns kaum niedergesetzt und ausser den Complimenten noch nichts gesprochen, als der Bediente des Staatssecretairs hereintrat, und iemanden anmeldete, aber so sachte, daß wir nichts, als das Wort Abgesandter verstehen konnten. Müssen wir denn gestört werden? fieng Robert ganz zornig an, und eilte den Augenblick nebst dem Bedienten aus dem Zimmer. Wir blieben sitzen und erwarteten mit größtem Verdruß den neuen Gast; aber o Himmel, was für ein Anblick war das für mich und den Grafen, als Robert den Prinzen von S – – herein geführet brachte! Wir sprangen beide von der Tafel auf, und wußten nicht, ob wir in dem Zimmer bleiben sollten. Der Prinz trat auf mich zu, als ob er seinen Augen nicht trauen wollte; indem sah er den Grafen und erschrack, daß er blaß wurde. Robert merkte nichts von diesem Geheimnisse und nöthigte den Prinzen und uns, die er seine Freunde nannte, an die Tafel. Der Prinz bedankte sich und sagte, daß er schon gefrühstückt hätte und nur gekommen wäre, sich einige Stunden mit der Jagd zu vergnügen. Robert antwortete, daß er ihm Gesellschaft leisten wollte; allein er nahm es nicht an. Geben sie mir ihren Jäger mit, sprach er ganz zerstreut; auf den Abend will ich gewiß ihr Gast seyn. Indem machte er uns allen ein Compliment und Robert begleitete ihn. Ach, fieng mein Gemahl zu Steeley an: wo haben sie uns hingeführt? Wie wird mirs und meiner Gemahlinn ergehn? Das war der Prinz von S – – Er wird in den Verrichtungen seines Königs hier seyn, und ich, ich – – Robert kam mit einer unruhigen Mine wieder. Ich weis nicht, sprach er, warum der Prinz so bestürzt war. Er muß iemanden von ihnen kennen oder zu kennen sich einbilden. Er fragte insonderheit nach ihnen; (er meinte den Grafen) allein ich sagte ihm, daß ich mit meinen Gästen selbst noch nicht bekannt wäre. Er ist in den Angelegenheiten des Königs von Schweden seit kurzer Zeit hier, und wird vermuthlich bald wieder von hier zur Armee abgehn. Unser Wirth schloß aus unsrer Bestürzung auf ein Geheimniß und bat, daß wir ihm die Sache entdecken sollten, wenn sie nicht von Wichtigkeit wäre. Ich will ihnen alles sagen, fieng der Graf an, und zum Voraus um ihren Schutz bitten, wenn ich ihn verdiene. Ich bin der Graf von G – – Mein Name wird ihnen durch mein Unglück vielleicht schon bekannt seyn. Ich bin vor zehn Jahren als ein Schwedischer Obrister so unglücklich gewesen, daß mir das Leben durch das Kriegsrecht abgesprochen worden ist. Darauf erzählte er ihm das Uebrige, und wie er zu seiner Sicherheit, als ein Gefangner der Russen, den Namen Loewenhoeck angenommen. Der Prinz, fuhr er fort, ist mein Feind, und meine Verurtheilung ist vielleicht eine Würkung seiner Rache gewesen. Ich will ihnen die Ursache nicht sagen, wodurch er bewogen worden, meinen Untergang zu suchen. Sie ist ihm vielleicht nachtheiliger, als seine Rache selbst. Ich schliesse aus seiner Bestürzung, daß er mich für todt muß gehalten haben, und wer weis, ob nicht die Zeit seinen Haß gegen mich vertrieben hat. Bin ich, schloß er endlich, nicht so unschuldig, als ich ihnen gesagt habe: so lasse mich Gott noch durch die Verfolgung dieses Prinzen sterben. Unser Wirth, dem das Blut vor edler Empfindung in das Gesicht trat, reichte dem Grafen die Hand. Bleiben sie bey mir, sprach er. Ich will alle mein Ansehn bey Hofe zu ihrer Sicherheit anwenden, und wenn das nicht hilft, mein Leben. Verlassen sie sich auf mein Wort, ich bin ein ehrlicher Mann. Ich will dem Prinzen in etlichen Stunden entgegen fahren und ihn zurück holen, und bey meiner Zurückruft will ich ihnen sagen, was sie thun sollen. Erzählen sie mir indessen alles, was zu ihrem Schicksale gehört, denn ich sehe doch, daß wir itzt nicht essen können. Wir thaten es. Ich bin ihr Freund, fieng Robert endlich an, mehr kann ich ihnen nicht sagen; ich will es ihnen aber beweisen. Er fuhr nunmehr dem Prinzen entgegen und bat, daß wir uns bis zu seiner Zurückkunft in dem Garten aufhalten sollten. Wir erwarteten ihn daselbst zwischen Furcht und Hoffnung und waren beynahe entschlossen, ohne seine Erlaubnis wieder zurück zu kehren. Endlich sahen wir ihn nebst dem Prinzen in den Garten kommen, und mein ganzes Herz empörte sich über diesen Anblick. Der Prinz gieng gerade auf den Grafen zu, der die Augen niederschlug, und umarmte ihn, nachdem er mir und Amalien ein Compliment gemacht. Ich bin ihr Freund, sprach er, wenn ichs auch nicht immer gewesen bin, und ich wünsche, daß sie der meinige werden möchten. Wir haben sie alle für todt gehalten. Ich weis, daß ihnen bey der Armee zu viel geschehen ist, und es kömmt auf sie an, was sie für eine Genugthuung fodern wollen. Keine, antwortete der Graf, als diejenige, die sie mir schon ertheilt haben, nämlich daß ich unschuldig und der Gnade des Königs nicht unwerth bin. Sie sind ihrer so werth, versetzte der Prinz, daß ich ihnen in seinem Namen zweyerley zum Voraus verspreche. Wollen sie mit nach Schweden und zur Armee zurückkehren: so biete ich ihnen die Stelle eines Generals an. Dieß wird die beste Ehrenerklärung für das seyn, was ihnen als Obersten Schuld gegeben worden ist. Wollen sie dieß nicht: so bleiben sie hier. Ich will es bey dem Könige so weit bringen, daß sie als Schwedischer Envoye bey meiner Abreise zurück bleiben sollen. Sagen sie ja, Herr Graf, damit ich das Vergnügen habe, sie zu überzeugen, daß ich sie hoch schätze und das Vergangene wieder gut machen will. Der Graf schlug beydes aus. Ich bin zufrieden, sprach er, daß sie mein Freund sind, und mich in die Gnade des Königs von neuem setzen wollen: mehr verlange ich nicht. Sollte ich mich noch einmal in die grosse Welt wagen und glücklich seyn, um vielleicht wieder unglücklich zu werden? Ich will mein Leben ohne öffentliche Geschäfte beschliessen. Robert mengte sich endlich in das Gespräch, und unsere Furcht vor dem Prinzen verminderte sich. Es sey nun, daß seine Rache gesättigt war, oder daß ihn sein Gewissen gequält hatte: so bezeugte er den ganzen Abend eine ausserordentliche Freude, daß der Graf noch lebte, den er so viele Jahre hindurch für todt gehalten hatte. Mein Gemahl that so großmüthig gegen ihn, als ob er nie von ihm wäre beleidigt worden. Der Prinz nahm noch denselben Abend von uns Abschied, weil er sehr früh wieder zurück nach London wollte. Wenn sie mein Freund sind, sprach er zum Grafen, so besuchen sie mich noch diese Woche, oder ich komme zu ihnen. Der Graf versprach es ihm, allein er konnte sein Wort nicht halten; die Zeit war da, daß ich ihn zum andern male verlieren sollte. Denn in eben dieser Nacht bekam er einen Anfall von einem Fieber. Wir eilten den andern Tag von unserm großmüthigen Wirthe auf unser Landgut zurück, und das Fieber ließ den armen Grafen kaum mehr aufdauern. Er ward in wenig Tagen so entkräftet, daß er die Hofnung zum Leben aufgab. Ich kam bis in den neunten Tag weder Tag noch Nacht von seiner Seite und suchte mir ihn recht wider den Willen des Schicksals zu erhalten; so vollkommen liebte ich ihn noch. Drey Tage vor seinem Ende wünschte er, daß ihn der Prinz besuchen möchte. Wir liessens ihm eiligst melden, und er war den Tag darauf schon zugegen. Sehn sie, sprach der Graf, daß ich keine Gnade des Königs mehr nöthig habe? Ich will nur Abschied von ihnen nehmen und sie und mich überzeugen, daß ich als ihr Freund sterbe. Der Prinz war so gerührt und zugleich so beschämt, daß er ihm wenig antworten konnte. Er blieb wohl eine halbe Stunde vor dem Bette sitzen und drückte ihm die Hand, und fragte, ob er ihm denn mit nichts mehr dienen könnte, als mit seinem Mitleiden. Der Graf ward so schwach, daß er kaum mehr reden konnte; und bat den Prinzen ihn zu verlassen. Der Prinz gieng mit der größten Wehmuth fort und wagte es nicht, von mir Abschied zu nehmen. Den andern Tag kam der Graf aus einem tiefen Schlafe eine Stunde lang wieder zu sich selber. Amalie, Steeley und R – –, der doch selbst noch krank war, traten alle zu ihm. Bald, sprach er zu mir, hätte ich euch nicht wieder gesehn. Ach meine Gemahlinn, der Tod ist nicht schwer, aber euch und meine Freunde zu verlassen, das ist bitter. Ich sterbe; und ihnen, mein lieber R – –, überlasse ich meine Gemahlinn. Er starb auch an eben dem Tage. Ich will meinen Schmerz über seinen Tod nicht beschreiben. Er war ein Beweis der zärtlichsten Liebe und bis zur Ausschweifung groß. Ich fand eine Wollust in meinen Thränen, die mich viele Wochen an keine Beruhigung denken ließ, und Amalie klagte mit mir, an Statt, daß sie mich trösten sollte. R – – mußte die meiste Zeit über das Bette hüten, und auch dieses vermehrte meinen Schmerz: Steeley allein sann auf meine Ruhe und nöthigte mich, da die beste Zeit des Jahres verstrichen war, mit ihm nach London zurück zu kehren.

Das erste, was mir da wieder begegnete, war ein Vorfall mit dem Prinzen. Er war im Begriffe von London wegzugehn, und wagte es in Roberts Gesellschaft bey unsrer Ankunft mir die Condolenz abzustatten. Er wiederholte seinen Besuch binnen zwey Tagen etliche mal und begehrte, daß ich ihm eine Bittschrift an den König mitgeben und um die Ersetzung der eingezogenen Güter meines Gemahls anhalten sollte. Ich gab ihm eine, bloß um ihn nicht zu beleidigen. Noch an eben dem Tage erhielt ich einen Besuch von dem Staatssecretair. Ich will ihnen, fieng er nach etlichen Complimenten an, die Ursache meines Besuchs kurz entdecken. Ich bin ein Abgeordneter des Prinzen, und ich weis nicht, ob sie mich ohne Unwillen anhören werden. Wissen sie, daß ihm seine Gemahlinn vor etlichen Jahren gestorben ist? Er wünscht, sie als Gemahlinn mit nach Schweden nehmen zu können, und es ist nichts gewisser, als daß er sie auf das äusserste liebt. Mit einem Worte, er will durch mich erfahren, ob er hoffen darf, oder nicht. Nunmehr habe ich ihnen alles gesagt, und sie dürfen sich bey ihrer Antwort nicht den geringsten Zwang anthun. Steeley und Amalia und R** waren zugegen, als er mir den Antrag that, und R** erschrack, als ob er mich schon verloren hätte. Ich entsetzte mich selbst über die Verwegenheit des Prinzen und antwortete dem Herrn Robert nichts als dieses: Hier ist mein Gemahl und wies auf den Herrn R – –. In der That war er mir noch so schätzbar, daß ich ihn allen andern vorgezogen haben würde, wenn ich mich hätte entschliessen können, mich wieder zu vermählen. Und vielleicht wäre ich, soll ich sagen, zärtlich, oder schwach genug dazu gewesen, wenn er länger gelebt hätte. Er starb bald darauf an seiner noch fortdauernden Krankheit und die Betrübniß über seinen Verlust überführte mich, wie sehr ihn mein Herz noch geliebt hatte.

Zu dieser Ausgabe

Der vorliegenden Ausgabe liegt der zweibändige Erstdruck von Gellerts Roman zugrunde:

> Leben der schwedischen Gräfinn von G***. Erster Theil. Leipzig, bey Johann Wendler 1747 (144 S.).
> Leben der schwedischen Gräfinn von G**. Zweyter Theil. Leipzig, bey Johann Wendler 1748 (136 S.).

Dabei folgt die Edition strikt der Erstausgabe nach dem Exemplar der Herzog August Bibliothek Wolfenbüttel (Sign. WA 1100). Die »Kritische, kommentierte Ausgabe« (Gesammelte Schriften, Bd. 4, hrsg. von Bernd Witte, Berlin / New York 1989) legt im Gegensatz hierzu die damals »nur in einem Exemplar« (225) in der Universitätsbibliothek Kiel nachgewiesene Erstausgabe zugrunde. Die beiden Exemplare weichen an wenigen Stellen voneinander ab (z. B. Zweyter Theil, 19: »giebt ihm« in Expl. HAB; »grebt ibm« in Expl. UB Kiel; Zweyter Theil, S. 69 zweimal: »Mariane« in Expl. HAB; »Caroline« in Expl. UB Kiel), es wurde also noch während des Druckgeschehens korrigiert.

Nur an folgenden wenigen Stellen wurden Druckfehler – meist verdrehte Buchstaben oder Satzzeichen – korrigiert. Alle diese Verbesserungen sind bereits in der zweiten Ausgabe (Leipzig: Wendler, 1750) oder der Werkausgabe (Gellerts sämmtliche Schriften, vierter Theil, Leipzig: Weidmanns Erben und Reich, und Caspar Fritsch, 1769) umgesetzt. Auf dem Kopf stehende Buchstaben (n/u, t) oder lädierte Lettern sind nicht in die Liste aufgenommen. Die im Original stets eingezogenen Absätze sind, vor allem im ersten Teil, oft durch einen Zeilendurchschuss voneinander getrennt, allerdings nicht einheitlich oder erkennbar systematisch. Bei Seitenwechseln ist über diese optische Markierung nicht eindeutig zu entscheiden. Deshalb wurde der Zeilendurchschuss in dieser Ausgabe einheitlich aufgehoben – mit Ausnahme der im Text abgesetzt zitierten Briefe und Billets.

26,2 Ungnade] Ungande
34,14 R – –, daß] R – – daß
40,33 f. zwischen unverehlichten] zwischen, unverehlichten
41,2 auslöschen, als] auslöschen. als
47,6 f. mit mir] mit mit mir
50,18 Affects, daß] Affects, das
67,25 mein Unglück] mein Glück
77,20 Zurückkunft] Zürückkunft
78,32 f. auf dem Marsche] auf den Marsche
80,20 haben ihm] haben ihn
80,22 unserm Gebieter] unsern Gebieter
101,8 für fünftausend] fur fünftausend
102,1 f. Löwenhoek] Löewenhoek
102,21 Gouverneur] Gouverneuer
102,25 Er sagte, daß] Er sagte daß
103,8 trunckner Freude] truckner Freude
105,4 f. Ach, fährt] Ach fährt
105,12 O, spricht] O spricht
109,24 Der Graf las] Der Graf laß
116,24 R**, fuhr] R** fuhr
117,27 wenn er wußte, daß] wenn er wußte daß
117,28 verdienten] verdienttn
118,10 wo] mo
119,20 f. Zustand gekommen, in dem] Zustand gekommen, indem
119,26 ich würde es ihm] ich würde, es ihm
120,2 wenn ihm] wenn ihn
121,6 Ach, sprach] Ach sprach
125,10 Begebenheiten] Begebenheittn
125,17 Lobsprüche] Lebsprüche
128,3 mit mir so edel] mit mir, so edel
129,27 f. zufrieden, daß] zufrieden, das

132,29 zu hören] zü hören
133,24 in dem Augenblicke] in den Augenblicke
138,22 dir seine Liebe] dir deine Liebe
143,11 jedem etliche] jedem, etliche
144,16 Amaliens und] Amaliens und und
146,29 was] mas
148,28 Spazierfahrt] Spazierfarth
153,31 verursachten] veursachten
155,32 studirt,] studirt.
156,19 blieben sitzen] bleiben sitzen
160,12 R – –, der] R. der
160,16 R – –, überlasse] R – – überlasse

Abb. 1: Kupferstich von Johann Friedrich Bause nach einem Porträt von Adam Friedrich Oeser (1767)

Rezensionen, Wirkungsdokumente, Selbstkommentare

1. *Anonym, 1747*

Solte Herr Gellert etwa die Schwedische Gräfin von G. kennen, so bitten wir ihn, sie zu ersuchen, mit der Fortsetzung ihrer Geschichte nicht lange mehr zu säumen; verschiedene Liebhaber hoffen drauf. Wenigstens ist er doch mit dem Verleger ihrer Schriften bekannt, und seine Erinnerung wird nicht fruchtloß seyn.

Franckfurtische Gelehrte Zeitungen, Nr. 88 vom 3. November 1747 (KA, S. 241).

2. *Johann Viktor Krause, 1748*

Endlich ist doch die vernünftige und tugendhafte Schwedische Gräfin, nach einer ziemlich langen Abwesenheit, noch einmahl wieder zum Vorschein gekommen, und sie setzt die Erzehlung ihrer Lebens-Geschichte im zweyten Theile mit eben der Reitzungs-vollen Artigkeit, mit eben der sinnreichen Einrichtung, mit eben der schönen Ordnung, mit eben der besondern Anmuth, und mit eben dem einnehmenden Wesen, welche ihr im ersten Theile so viele Verehrer und Freunde erworben haben, ferner fort. Könten wohl die edlen Triebe der wahren Gottesfurcht, der ungeheuchelten Ehrfurcht vor die unbegreiflichen Leitungen der Vorsicht, der zärtlichsten Freundschaft, der ächten Großmuth, der standhaften Geduld im Leiden, und der rühmlichen Erbarmung gegen Unglückselige, natürlicher, überzeugender und besser entworffen werden, als wir solche in den von dem Grafen von

G. an seine liebenswürdige Gemahlin aus Moscau, und Tobolskoy, abgelassenen 2 Briefen, und in der Erzehlung von seiner Gefangenschaft, finden? Die recht vortreflichen Abschilderungen des redlichen und uneigennützigen Juden, der dem Grafen in seinem Elende so begierig und treulich Beystand leistete, des Ursprungs der Liebe zwischen dem Engelländer, von Steeley, und der Amalia, wie auch des in der grösten Unschuld und Einfalt liebenden Cosacken-Mägdchens, ja die gantze Lebens-Beschreibung der Schwedischen Gräfin, und die Auswickelung der darinnen vorkommenden Verwirrungen, sind gewiß so gerathen, daß sie dem geschickten Verfasser derselben jederzeit Ehre bringen müssen. Wer weiß, ob sich die Schwedische Gräfin nicht etwa erbitten lässt, künftig auch noch zum dritten mahl in ihrer völligen Anmuth öffentlich zu erscheinen. Vielleicht kan sie unser werther und lehrreicher Herr Gellert dazu bereden.

Berlinische Nachrichten von Staats- und gelehrten Sachen, Nr. 123 vom 12. Oktober 1748 (KA, S. 241 f.).

3. *Anonym, 1749*

Es ist andem, daß die Geschichte sehr wunderbar ist, indem unter vier Personen der eine Mann, eine Frau und eine Braut, und das eine Frauenzimmer zwey zugleich lebende Männer, in eben dieser kleinen Anzahl von vier Personen hat, des Frauenzimmers Sohn und Tochter aber einander unbekannter Weise heyrahten, welches Begebenheiten sind, die sehr selten sich zutragen, und fast unmöglich in einer einzigen Familie zusammen eintreffen können. Doch wir halten die Begebenheiten selber, für den unwichtigsten Theil eines Buchs von dieser Art. Es ist uns genug, daß die Tugendliebe, das zärtliche, das natürliche und das annehmliche darinn herrschet. Wie känntlich ist die Natur in dem Cosakkischen Mädchen abgemahlt! wie ehrlich ist der Jude, der sich des Grafen in Sibirien annimmt!

Göttingische Zeitungen von Gelehrten Sachen, Nr. 35 vom 10. April 1749, S. 279 (KA, S. 244).

4. Anonym, 1749

Wir können dem Leben der Gräfin von G. mit Gewißheit eben den allgemeinen und verdienten Beyfall versprechen, welche in Franckreich die Marianne [*Marivaux*], und in Engeland die Pamela [*Richardson*] erhalten hat. Die Charactere sind richtig, lebhaft, und überaus einnehmend geschildet, die Begebenheiten kommen unerwartet, hängen genau an einander, und rühren auf das stärckste, und die Verwickelungen werden auf die ungezwungenste und gefälligste Art aufgelöset. Derjenige muß zu keiner Empfindung fähig seyn, welcher dieses kleine Werck ohne Rührung und Vergnügen lieset, und er sollte von Rechtswegen gar nichts lesen können. Rechtschaffene Leser werden mit uns einerley Meynung seyn, daß, wenn man etwas daran aussetzen wollte, solches nichts, als die Kürtze desselben seyn müßte. Ein Fehler, welcher einer Schrifft allemahl zur sichersten Ehre gereichet. Wir wollen zur Bekräfftigung unsers Urtheils nur noch so viel sagen, daß man dieses Leben dem angenehmen Fleisse der zärtlichen und geschickten Feder des Herrn Gellerts in Leipzig zu dancken hat, und daß es der erste Teutsche Original-Roman ist, worauf wir uns etwas einbilden, und womit wir so viele Französische Schrifft-Steller von dieser Art beschämen können.

Franckfurtische Gelehrten Zeitungen, Nr. 14 von 1749, S. 67 (KA, S. 245).

5. *Johann Georg Hamann, 1750*

Seine Werke sind der Tugend viel einträglicher als unzählige Schriften, die in einer hohen Schreibart eine gemeine Sittenlehre enthalten. Was für ein leichter, sich immer gleicher und natürlicher Witz? Das beste Herz von der Welt drückt sich allenthalben aus, ein Herz, das von lauter zärtlichen freundschaftlichen und großmüthigen Regungen überflüßt.

Daphne. Eine Wochenschrift, 1750, 50. Stück (KA, S. 246).

6. *Gellert, fiktiver Brief im ›Briefsteller‹ (69. Brief), 1751*

Meine Liebe Jungfer Muhme,
Ich habe Ihr doppeltes Geschenke erhalten. Es herrscht in Ihrer Art, zu sticken, eben der gute Geschmack, der in Ihren Briefen und Gesprächen herrscht, und ich würde ungerecht handeln, wenn ich Ihnen diesen Lobspruch länger verschweigen wollte. Genug, Sie haben mich mit Ihrer Geschicklichkeit beschenkt; und was ist billiger, als daß ich Sie wieder mit der meinigen beschenke? Für zwo Stickereyen von Ihren Händen, schicke ich Ihnen zwey Bücher von den meinigen; einen Catechismus und einen Roman. Wenn Sie der letzte verderbt, so soll Sie der erste unmittelbar wieder bessern. Sie lachen? Wollen Sie mir etwan dadurch sagen, daß ich mir diese Sorge nicht machen dürfte; daß mein Roman selber ein Catechismus wäre? Ey, ey, Jungfer Muhme, das war zu boshaft gelacht! So beißend hat mich noch kein Mensch kritisiret. Ich vergebe es Ihnen, weil ich nicht gleich ein Mittel weis, mich zu rächen. Wir sind nahe Freunde und – – ja; und wer weis, ob Sie ganz Unrecht haben? Wir wollen nicht mehr daran denken. Leben

Sie wohl. Grüßen Sie Ihre liebe Mama und Jungfer Schwester hundertmal von mir.

Briefe, nebst einer Praktischen Abhandlung von dem guten Geschmacke in Briefen, Leipzig 1751, S. 284f. (KA, S. 243).

7. Gotthold Ephraim Lessing, 1753

Das Feld der Romanen ist von unsern witzigen Köpfen noch am wenigsten bebauet worden. Der Hercules [*Bucholtz*], der Arminius [*Lohenstein*], die Octavia [*Anton Ulrich*], die Banise [*v. Ziegler und Kliphausen*], und einige andere von Gliedern der fruchtbringenden Gesellschaft sind lange Zeit unsere besten Originale in dieser Art witziger Schriften gewesen. Die Schwedische Gräfin schien einen neuen und bessern Zeitpunct derselben anzufangen, allein zum Unglücke hat sich die deutsche Nacheiferung hierinnen am allersaumseligsten finden lassen.

Berlinische privilegirte Zeitung, Nr. 83 vom 12. Juli 1753 (KA, S. 249).

8. Christian Friedrich Daniel Schubart, 1770

Die schwedische Gräfin von G... kann uns unter allen seinen Schriften am wenigsten gefallen. Die Begierde grose und unerwartete Situationen anzulegen, wozu sein Genie nicht geschaffen war, haben sein Herz hintergangen, und wir können die unmoralische Scenen der Blutschande und der gewaltsam getrennten Ehen nicht anderst, als mit Eckel und Widerwillen, ansehen.

Schwäbische Beyträge zu Gellerts Epicedien. Stuttgart 1770, S. 6f. (KA, S. 255).

9. Albrecht von Haller, 1775

Freylich hat Hr. G. hier in eine Familie eine Menge schrecklicher Begebenheiten zusammengehäuft, die vermuthlich seit dem Geschlechte des Lajus nicht zusammen eingetroffen haben. In eben dem Zimmer kommen zusammen, der Graf, seine Gemahlin, und seine ehemalige Buhlschaft, der er die Ehe versprochen, und mit welcher er Kinder erzeuget hat: und denn diese Gemahlin mit ihrem ersten, und auch mit dem zweyten Manne, die beyde lebend sind. Des Grafen Sohn und Tochter heyrathen einander, und die Tochter ehlicht nach ihrem Bruder seinen Mörder, alle beyde kommen gewaltthätig um. Wie hat doch der gutmüthige Gellert so viele gräuliche Begebenheiten auf einander häufen können?

Zugabe zu den Göttingischen Gelehrten Anzeigen, 20./21. Stück vom 27. Mai / 3. Juni 1775 S. 164 f. (KA, S. 258).

10. Johann Heinrich Merck, 1778

Man hatte dem Schriftsteller lange vorgebetet: nichts sey so elend und fade, als eine Anreihung wundersamer Begebenheiten und Avanturen, die, in einem flüchtigen Ton erzählt, eben so ermüden, als wenn man gewaltsam durch eine Bibliothek oder Gallerie geführt wird, wo man viel sieht, und nichts genießt. Man hatte ihnen auf der andern Seite vorgestellt, nichts sey mißlicher, als die Festsetzung eines gewissen Charakters, den man durch alle Situationen durcharbeite. Sie hatten gehört, es müsse viel Detail in der Darstellung ihrer Gemählde seyn; überdieß sey es nöthig, daß der Autor in einer gewissen Stimmung sey, die dem Ganzen Farbe und Ton gäbe, wie man sichtbarlich an allen Meisterstücken wahrnähme u. s. w. Sie nahmen diese Wahrnungen zu Herzen, hüteten sich Charaktere auszuarbeiten, schuffen sich ein Detail das sie nie gesehen hatten, und setzten sich in eine Stimmung, die weder Krankheit noch Gesundheit, sondern eine gemachte Indisposition war. Daraus entstanden denn alle die neuern Episch-dramatische Werke, wo unter 10 nicht Eins an die Güte der Schwedischen Gräfin reicht [...].

Der Teutsche Merkur, Jänner 1778, S. 50 f. (KA, S. 259).

11. Joseph von Eichendorff, 1851

Die Reihe der moralisirenden Romane eröffnet Gellert mit seinem »Leben der schwedischen Gräfin von G.«, die wir auch deshalb hier vorausstellen, weil dieser Roman auf eine merkwürdige Weise schon die ganze geistige Signatur der spätern Romanliteratur im Keime enthält und den schlagenden Beweis von der Gewalt des Zeitgeistes gibt, da selbst ein so nüchterner und peinlich gewissenhafter Mann wie Gellert mit fortglitt, und in seiner Unschuld nicht einmal ahnte, daß er mit dem großen Strome fahre. [...] Ganz übereinstimmend mit dem skeptischen Accent, der hier auf den Verstand gelegt wird, zeigen sich denn auch bereits alle leisen Symptome der spätern Aufklärungsseuche in einzelnen Zügen und einer durchgehenden Denkweise [...]. [...] Insbesondere aber werden hier sanft und geräuschlos schon alle Fundamente zu der oben erwähnten Religion des guten Herzens gelegt. [...] Es ist überhaupt überall eigentlich blos die Wohlanständigkeit der Tugend, von welcher es zum ästhetischen Anstand des Lasters nur eines kleinen Umschwungs bedurfte. Und in der That finden wir in der schwedischen Gräfin auch schon sämmtliche Gräuel, womit die neuesten Romane luxuriren, arglos angedeutet. Da ist eine Geschwisterehe, eine geistige Doppelehe, Vergiftung und Selbstmord; und Alles aus Liebe und gutem

Herzen. Man sieht also selbst bei dem frommen Gellert die See schon innerlich hohl gehen, und die Wogen sind nur durch das obenauf schwimmende Oel der Moral noch beschwichtigt und niedergehalten.

Joseph von Eichendorff: Der deutsche Roman des achtzehnten Jahrhunderts in seinem Verhältniß zum Christenthum. Leipzig 1851, S. 107–110.

Anmerkungen

7,7 *Liefländischen:* Seit dem Sieg Gustav Adolfs 1629 gegen Polen gehörte der größte Teil Livlands zu Schweden (Schwedisch-Livland), Riga war dadurch die zweitgrößte Stadt im schwedischen Reich. 1721 fiel das Gebiet durch die Eroberung Peter I. als Gouvernement Livland an Russland, umgeben von Estland im Norden, dem Gouvernement Sankt Petersburg – jenseits des Peipussees – im Osten, Kurland im Südwesten. Das erklärt die Familiengeschichte der Erzählerin sowie die Güter des schwedischen Grafen im Baltikum.

7,12 f. *erzog mich bis in mein sechzehntes Jahr:* Die junge Adelsdame erhält im Hause ihres Vetters offenbar Privatunterricht, der sich auf weibliche und männliche Wissens- und Fertigkeitsgebiete erstreckt.

7,17 *Muhme:* Tante oder Base, hier die Frau des Vetters.

7,19 f. *Sprachen und andre Pedantereyen:* Die im 18. Jahrhundert noch starken Bildungsbeschränkungen für Frauen versucht der Vetter gegen die Auffassung seiner Gemahlin zu überwinden. Die Ideale des Vetters erinnern an die vor allem von schottischen *moral-sense*-Philosophen wie Hume, Hutcheson und Shaftesbury geforderte Ergänzung des Altsprachenunterrichts durch praktische Lebensphilosophie, Realienlehre, Natur- und Menschenkunde.

7,23 *klug und gar nicht gelehrt:* Orientiert an den Idealen der Klugheit und des Selbstdenkens wird schon in der Frühaufklärung der barocke Polyhistorismus (Wissen statt Denken) kritisiert und literarisch verspottet. Unter dem Zentralbegriff der Nützlichkeit findet sich Gellerts Bildungskritik etwa in der Rede *Von den Fehlern der Studirenden bey der Erlernung der Wissenschaften, insonderheit auf Akademien* (GSS V, 114–142).

8,1 *Galanterie:* Geziertheit und Komplimentierkunst, insbesondere am Hofe, bilden das Gegenmodell zu den vom Vetter (wie von Gellert) geforderten Werten, etwa Natürlichkeit, Aufrichtigkeit, Redlichkeit, Empfindsamkeit.

8,28 *Religion auf eine vernünftige Art:* Hier geht es um vernünftige Vermittlung der lutherischen Religion, nicht um die Vernunftreligion der Aufklärung (Neologie), die im Gegensatz zur traditionellen Offenbarungslehre steht. Gellert polemisiert in seinen *Moralischen*

Vorlesungen oft gegen Neologen als »Feinde der geoffenbarten Religion« (GSS VI, 83) sowie gegen naturrechtliche Entlastungsversuche von außerehelichen, bigamistischen oder gar inzestuösen Beziehungen.

8,29 *Tugend:* Der im Text überaus zentrale Begriff wird von Gellert in seinen *Moralischen Vorlesungen* nicht weltlich oder naturrechtlich, sondern religiös christlich definiert: »Die Tugend ist die Uebereinstimmung aller unsrer Absichten, Neigungen und Unternehmungen mit der göttlichen Anordnung, die sich stets auf unser Glück und das Beste unsrer Nebenmenschen bezieht« (GSS VI, S. 131).

9,27 f. *Eigenliebe:* Egoismus, den französische Materialisten wie Helvétius und La Mettrie später als Haupttriebfedern des Menschen im Überlebenskampf identifizieren, steht im größten Widerspruch zu den christlichen Geboten der Gottes- und Nächstenliebe.

10,7 *Obrister:* Ein Obristleutnant war in der Frühen Neuzeit ein Regimentskommandeur, also ein sehr hoher militärischer Rang.

10,10 *gelassen und frey:* Von Anfang an verkörpert die Erzählerin die Ideale von Freiheit, Natürlichkeit, Anmut, Aufrichtigkeit und Gelassenheit, die überall in Gegensatz zu politischer Absicht (*prudentia politica*), strategischem Verhalten und Geziertheit gebracht werden.

12,6 f. *geringste Mine … Achtung gebe:* Die Kunst, Körpersprache zu dechiffrieren, um die Absichten eines Gegenübers ausforschen zu können, gehört zur höfischen Schulung und Rhetorik. Hier wird diese Fertigkeit positiv als größte Aufmerksamkeit und Wachheit für jedes Zeichen der Liebe gewendet.

13,2 *Vornehmen:* Verhalten, Benehmen.

13,13 f. *Romane und Heldenbücher:* Die Erzählerin spielt hier ironisch auf die gängigen Lesererwartungen eines rasanten und spannenden Geschehens an, das die – oft als Frauenlektüre abgetanen – galanten Romane und Rittergeschichten der Zeit so stark in Misskredit brachten.

13,20 *wohl glaublich:* Die Frage der Wahrscheinlichkeit, zumal einer ganz natürlichen, nicht auf phantastische, wunderbare oder dramatische Effekte getrimmten Handlung, spielt in der Poetik der Zeit eine große Rolle. Friedrich von Blanckenburg wird später in seinem *Versuch über den Roman* (1774) »mögliche Menschen der wirklichen Welt« fordern, also realistisch Erfundenes.

14,9 *Beylager:* vornehmer Ausdruck für Vermählung.

14,32 *Clavecin:* (frz.) Cembalo.

15,31 *Großmuth:* Dieser Zentralbegriff des Textes bedeutet grenzenlose Selbstlosigkeit, wie sie etwa Herr R** mustergültig verkörpert. Gellerts Freund Johann Andreas Cramer definiert 1746 in seinen *Betrachtungen über die Großmuth:* »Die Großmuth ist eine Menschenliebe, welche ihr größtes Vergnügen in dem Vergnügen andrer Menschen findet. Alle Handlungen eines Großmüthigen haben also das Glück ihrer Nebenmenschen zum Endzwecke« (vgl. Löffler 2009, 107).

15,33 f. *verderbt durch die genaue Beschreibung oft das Bild:* poetologisches Gebot zur Sparsamkeit der Beschreibung, um den Lesern Raum zur eigenen Imagination zu lassen.

17,2 *Ebenbild meines Gemahls:* Durch die physiognomische Ähnlichkeit des unehelichen Carlson mit dem Grafen entdeckt die Erzählerin die bis dahin geheime frühere Liebschaft ihres Mannes.

17,30 *Witwe:* Die unverheiratete Mutter, die den Vater ihres Kindes nicht öffentlich angibt, wird hier »nach der gemeinen Rede« Witwe genannt. In seinen *Moralischen Vorlesungen* verurteilt Gellert solche außerehelichen Beziehungen nicht nur als moralische Verfehlung, sondern als Verstoß gegen göttliche Gebote. Die betroffenen »Schlachtopfer der Wollust« (GSS VII, 425) bezeichnet er als gesellschaftliches Unglück.

18,28 *adelich gebohren:* Der vermeintliche gesellschaftliche »Vorzug« von Geburtsadel wird im Zeichen der Gleichheit aller Menschen sogleich dementiert.

19,5 *so will ich seine Geliebte künftig nennen:* Indem die Erzählerin »dieses Frauenzimmer« mit dem Namen Caroline versieht, individualisiert sie die ehemalige Geliebte ihres Gatten und akzeptiert sie als Freundin. Da der Name von anderen bestätigt wird, ist dieser nicht einfach erfunden, die Benennung gleicht damit einem anerkennenden Taufakt.

20,22 *Wohlstand:* hier: Anstand, abgeleitet von Wohlanständigkeit.

21,25 *Unsere Ehe selbst war nichts, als Liebe:* Zur Entstehungszeit des Romans herrschte die vernünftige Konvenienzehe vor, Heirat aus Liebe hat hier als äußerst progressives Konzept zu gelten.

22,3 *Schwulst in den Beinen:* Es dürfte sich nicht um eine Geschwulst, sondern um Podagra (Gicht) handeln, die später auch den Gouverneur während der russischen Gefangenschaft des Grafen befällt.

24,13 *macht mir den Abschied von euch so erträglich:* Der Tod des alten Grafen, den die *Berner Ausgabe* von 1769 (BA, V) auf einem Kupferstich zeigt (Abb. 2), wird zum Sinnbild eines christlich vollendeten Lebens. Der alte Graf ist mit sich und der Welt im Reinen und verabschiedet sich mit dem Appell an treue Liebe und Lebensglück von seinem Sohn und der Gräfin. Nach den *Moralischen Vorlesungen* ist solch ein Ende nur frommen Christen vergönnt, der Mörder Dormund und die Selbstmörderin Mariane sterben hingegen mit unruhigem Gewissen. Die *Berner Ausgabe* stellt den – kunstgeschichtlich selten gestalteten – Suizid ebenso wie die Eröffnung der inzestuösen Geschwisterliebe dar (Abb. 3 und 4).

26,23 *unnatürliche Höflichkeiten:* Gegen die stets mit der französischen Kultur verbundene Geziertheit, Affektiertheit, höfische Verstellung fordert der Roman überall Aufrichtigkeit, Offenheit, Redlichkeit, Vernünftigkeit.

27,18 *Krieg:* Der Hinweis auf den Großen Nordischen Krieg (1700–21) erlaubt eine ungefähre Datierung der Handlung: Aus der Koalition Russlands gegen Schweden schied Dänemark – Norwegen schon 1700 und Sachsen – Polen 1706 aus, entsprechend wird der Graf vor 1706 eingezogen und gerät im Laufe des Krieges in russische Gefangenschaft.

27,29 f. *Vorsicht:* Vorsehung, hier eher im Sinne von Schicksal.

28,24 *Standhaftigkeit:* Die neostoische *constantia* gehört zum Tugendkatalog des Barock, die sonst favorisierten Ideale der Aufrichtigkeit, Natürlichkeit, Empfindsamkeit verweisen hingegen auf die Aufklärung.

29,10 *Herr R – –:* Der vertraute Freund des Grafen wird im ganzen Roman nur mit einem Initial (im zweiten Teil überwiegend mit: R**) angegeben, das man angesichts seiner überbordenden Redlichkeit, Tugend, vernünftigen Entsagung mit *ratio* aufzulösen versucht hat.

29,29 *Detaschement:* im Militär kleinerer Teilverband einer Truppe für spezielle Aufgaben.

29,30 *Kleinodien:* Schmuckstücke, Kostbarkeiten.

30,8 *Chatoulle:* frz. Schreibweise (lat. *scatula*) für Schachtel, Kästchen.

Abb. 2: Der sterbende alte Graf, Kupferstich nach Samuel Hieronymus Grimm (BA, V)

30,21 *Amsterdam:* Gegen die feudalen Zwänge am schwedischen Hof und die Tyrannei in Russland stehen Holland und Amsterdam für eine vergleichsweise offene, calvinistisch geprägte Gesellschaft im Zeichen des Welthandels.

32,13 *Miniatür malen:* Miniaturporträts waren im 18. Jahrhundert eine auch unter Laienmalern beliebte Mode. Carolines Bildnis des Grafen unter ihrem Spiegel verdeutlicht ihre nie überwundene Liebe zu ihm.

32,23 *auch eine Tochter:* Das zweite uneheliche Kind mit dem Grafen verhehlt Caroline nicht, sie kann nicht ahnen, dass ihr Bruder Andreas es in ein Kloster gab, wo es Mariane genannt wurde.

32,25 *im Haag:* ältere Bezeichnung für Den Haag, das nach dem Westfälischen Frieden (1648) das Zentrum der aus sieben Provinzen bestehenden Vereinigten Niederlanden bildete.

33,1 *vergebenen:* vergeblichen.

33,12 *So gewiß ists:* Immer wieder werden in den Text kleine Episoden als moralische Exempelerzählungen eingefügt, die dann mit einer solchen sentenzhaften Konklusion beendet werden; in diesem Falle die Lehre, dass gute Behandlung von Untergebenen diese zu edelmütigem Handeln einlädt.

33,31 f. *schon durch die Zeitungen gehöret:* Wenn holländische Zeitungen über den vermeintlichen Tod eines schwedischen Grafen im Großen Nordischen Krieg berichten (während die Niederlande sich gerade selbst im Krieg mit Spanien befinden), deutet das auf eine sehr bekannte Persönlichkeit hin.

34,19 f. *Interessen:* Statt bloßer Zinsen (Interessen) beteiligt der »dienstwillige Wirth« (der Mann einer Großcousine des Herrn R – –) die schwedische Gräfin an den tatsächlichen Erträgen aus ihrem Kapital.

35,29 f. *beschwerlichen Charackter einer Standsperson:* Auch wenn im Zeitalter der Aufklärung die habituell durch Kleidung, Umgangsformen, sprachliche Codierung demonstrierten Standesgrenzen in Frage gestellt werden, sind sie noch längst nicht überwunden. Im bürgerlichen Trauerspiel von Lessing bis Schiller werden die Differenzen zwischen höfischem Adel und dem sich emanzipierenden Bürgertum sogar zum Hauptthema.

36,20 *kauften ihm eine Fähndrichsstelle:* Offiziersstellen waren eigentlich dem Adel vorbehalten, konnten aber auch einem scheidenden

Amtsinhaber von Bürgerlichen abgekauft werden. In Schweden war dieses Verfahren im sogenannten ›Ackordssystem‹ institutionalisiert, verfügte aber auch in anderen europäischen Staaten über eine lange Tradition. Als Fähnrich tritt Carlson mit einem relativ niederen Offiziersrang ins Militär ein, darauf folgen würden Dienstgrade wie Leutnant, Hauptmann, Major, Oberstleutnant, Oberst bis zum General.

41,5 f. *Umlauf des Geblüts:* William Harvey konnte 1628 durch einfache Berechnung der vom Herzen täglich bewegten Blutmenge nachweisen, dass arterielles Blut in den Kapillaren nicht einfach versickern kann, sondern in einem Kreislauf über die Venen zum Herzen zurückfließen muss.

41,22–24 *sinnliche Liebe … geistige Liebe:* Gellert, der sich im ganzen Roman keine erotische Anspielung erlaubt, tut sich sichtlich schwer, das offenbar intakte, zwischen Geist und Körper ausbalancierte neue Verhältnis zwischen der vermeintlichen Witwe und Herrn R – –, dem engsten Freund ihres Mannes, zu beschreiben. Die Kritik an ausschließlich sinnlicher oder geistiger Liebe entspricht Gellerts Lebensphilosophie in den *Moralischen Vorlesungen.*

45,32 *Oesterreichischen Niederlande:* Die heute zu Belgien und Luxemburg zählenden südlichen Provinzen der Niederlande fielen 1714 nach dem Spanischen Erbfolgekrieg an Österreich.

49,11 *Wenn ich einen Roman schriebe:* Durch solche poetologischen Selbstreflexionen, die auf Publikumserwartungen an die fiktionale Literatur der Zeit anspielen, bekräftigt Gellert die Suggestion einer wahren statt erfundenen Geschichte.

49,14 *Verzweiflung:* Nach Gellerts Morallehre können die in Sünde gezeugten Kinder Carlson und Mariane, die noch dazu unwissend eine Geschwisterehe eingingen, vor der Verzweiflung nicht bewahrt werden. Verzweiflung, mit der sie wiederholt belegt werden, ist im christlichen Verständnis Sünde und der Gegenbegriff zur Gelassenheit, also dem demütig gläubigen Vertrauen in Gottes Güte und Willen. Carlson und Mariane bestätigen die in den *Moralischen Vorlesungen* benannte Möglichkeit, dass »unser Sterbebette […] Folter des Gewissens, und unser Tod heidnische Verzweiflung seyn« kann (GSS VII, 412).

50,28 *Strafe, dass ich – – –:* Der These seines Aufsatzes folgend, dass der Inzest Carlson – Mariane im alttestamentarischen Sinne von Ahnenschuld die göttliche Strafe für das uneheliche Verhältnis des Grafen zu Caroline darstellt, ergänzt Volker Wels den Satz wie folgt: Vielleicht ist es die Strafe dafür, dass ich euch unehelich gezeugt habe (Wels 2012, 20 f.).

50,30 *verbeut:* verbietet.

51,17 *Dispensation:* Strafbefreiung, Sündenerlass.

52,14 *Zeichen, daß der Himmel unsre Ehe billiget:* Im Sinne eines Gottesurteils (Ordal) soll eine äußere Schicksalsfügung (Überleben oder Untergang) als Antwort auf eine moraltheologische oder juristische Zweifelsfrage gelten.

52,28 *Treffen:* Kampf, militärischer Zusammenstoß.

53,16 *Endurtheile des Himmels:* Richtspruch Gottes im Sinne eines Ordals (s. Anm. 52,14).

56,23 f. *goldene Uhr mit ihrem Portrait:* Dormund erschleicht sich mit diesem Requisit das Vertrauen und die Liebe bei der Frau des von ihm getöteten Carlson. Dieser Einfall wirkt wie eine Variation auf den in François Gayot de Pitavals Rechtsfallsammlung *Causes célèbres et intéressantes* (1734–43) überlieferten Fall des Martin Guerre (1982 von Daniel Vigne verfilmt), der von einem – mit vertrautem Wissen zum Doppelgänger gewordenen – Kriegskameraden um seine Frau und seine Existenz betrogen wurde.

57,25 *die nicht studirt läßt:* die sich ungezwungen und natürlich ergibt.

59,8 *Carlsons Mörder:* Der unwissentliche Inzest zwischen Mariane und Carlson wird überboten durch das Mordgeständnis Dormunds, der seinen Kriegskameraden ausschaltet, um dessen Frau zu gewinnen.

59,33 *umständlich:* ausführlich, alle Umstände berücksichtigend.

59,33 f. *Regimentsfeldscheerer:* Feldchirurg, Militärarzt.

60,3 *sich selbst damit vergeben:* Suizid begangen.

61,1 *soll Marianen:* soll ihr gehören, elliptische Wendung.

61,6 f. *nichts weiter von ihm gehört:* Die Endgültigkeit, mit der Dormund hier aus dem Erzählkosmos verstoßen wird, heben die folgenden Auflagen des Romans auf. Dort erscheint eine Rückkehr zumindest möglich: »Dormund war fort, ohne daß wir wußten, wohin« (GSS IV, 316).

61,10 *Adern schlagen:* Auf Grundlage der Humoralpathologie mit ihrer Viersäftelehre (Blut/Sanguis; gelbe Galle / Cholera; schwarze Galle / Melancholia; Schleim/Phlegma) ging man davon aus, dass durch Aderlass die Ableitung schädlicher Säfte (Derivation) und die umwälzende Durchmischung (Revulsion) mit guten Säften befördert werden könnte.

62,11 *Beystand der Religion in Unglücksfällen:* Religion vermag nach Gellerts *Moralischen Vorlesungen* weit mehr Trost zu spenden als alle Vernunft und Philosophie. Der »Fromme nach der Religion« findet mehr Trost als jener nach der Vernunft, denn »das beunruhigte Gewissen kann durch die Vernunft nie ganz gestillet werden« (GSS VII, 105 f.). »Die Religion [...] hat eine Kraft, die alle Vernunft nicht hat« (GSS VI, 177).

62,20 *Der standhafte Weise im Unglück:* Möglicherweise Anspielung auf eine Schrift von Gellerts Leipziger Fakultätskollegen Friedrich May: *Von der Standhafftigkeit eines Weisen*, Leipzig 1729.

62,24 *Verlassenschaft:* Hinterlassenschaft.

65,2–4 *so erzählt, daß die Leser ... die Sache ... selbst zu sehen glauben:* Gellert schaltet hier erneut poetologische Hinweise ein, die auf Wahrscheinlichkeit, Glaubwürdigkeit, Authentizität abzielen.

67,12 *Strafe für die Liebe mit Carolinen:* Wie beim Gottesurteil fügt sich der Graf der Vorsehung und dem »Verhängniß«, die hier ähnlich wie in Leibniz' *Theodizee* auf Basis einer prästabilierten Balance zwischen Glück und Unglück operieren. Ganz im Sinne von Gellerts *Moralischen Vorlesungen* interpretiert er sein Unglück als Strafe für sein einstiges Fehlverhalten, das außereheliche Liebesverhältnis mit Caroline. Geschlechtstrieb »außer dem Bande einer keuschen Ehe« gilt als strafwürdige Sünde. »Sie wird zur Brunst, die den Menschen tief unter das Thier erniedriget; und die Natur hat die Ausschweifung derselben mit den empfindlichsten Strafen belegt; so wie ihr die Religion den Zorn und das besondre Gericht Gottes droht« (GSS VII, 424).

69,12 f. *verwandele meine Liebe ... in Ehrerbietung:* Wie in Christian Thomasius' *Kunst Vernünfftig und Tugendhafft zu lieben* (1692) scheint Gellert hier an eine Art mathematisch-quantitatives Modell der Affekte zu glauben, das sich durch Vernunft und Willen regieren und balancieren lässt.

76,10 *Löwenhoek:* Zum Selbstschutz nimmt der schwedische Graf den holländisch klingenden Namen Löwenhök/Loewenhoeck an, den man mit dem königlich-polnischen und kursächsischen Generalkriegskommissar Carl Gustav Graf von Löwenhaupt (1662–1703) in Zusammenhang zu bringen versuchte. Immerhin würde diese Person aus russischer Perspektive auf der richtigen Seite stehen, gleichwohl ist es wenig plausibel, dass Gellert hier auf eine historische Figur anspielen will.

78,10 *die ganze Nacht bey ihm blieb:* Der Akt christlicher Nächstenliebe, womit der Graf dem sterbenden Soldaten beisteht, wird sogleich mit einem wertvollen Goldstück vergolten, das ihm wiederum in der Kriegsgefangenschaft entscheidend weiterhilft. Außerdem verschafft ihm sein selbstloses Handeln die Anerkennung der Mitgefangenen, die ihm letztlich das Leben retten.

81,19 *Gelassenheit:* Sich den göttlichen Schickungen gerade im Unglück treu zu ergeben, ist eine der zentralen Maximen des Romans, die genau den *Moralischen Vorlesungen* folgt. Dort wird immer wieder die »Ergebung in den Plan der weisen Vorsehung« gefordert (GSS VI, 173).

86,5 *Tobolskoy:* In Tobolsk, nördlich zwischen Jekaterinburg und Omsk, regierte im 18. Jahrhundert ein Gouverneur über ganz Sibirien. Hier waren viele schwedische Kriegsgefangene untergebracht.

86,11 *Pohlnischer Jude:* Mit Lessings edlem Reisenden im Lustspiel *Die Juden* (1749) ist diese selbstlose, uneigennützige Figur eine der ersten positiven Darstellungen eines Juden in der deutschen Literatur. Gellert hat dafür wohl einen Aufsatz von Joseph Addison aus *The Spectator*, den er in Übersetzung besaß, verwendet. Darin weist Addison auf die enge Vernetzung des Welthandels und der Menschheit (*mankind*) durch die Juden hin, die wie Zapfen und Nägel ein riesiges Gebäude zusammenhielten. Er stellt die große Zahl, die weite Verbreitung und das strenge Festhalten der Juden an ihren Riten und Gesetzen fest, die sie auch in der Diaspora an ihrer Kultur festhalten ließ, aber auch sozial isolierte: »This dispersion would probably have lost their religion had it not been secured by the strength of its constitution: for they are to live all in a body and generally within the same enclosure, to marry among themselves, and to eat no meats that are not killed or prepared their own way. This shut them out from all table conversation, and the most agreeable intercourses of life; and, by consequence, excludes them from the most probable means of conversation.« (*The Spectator*, Nr. 495 vom 27. Sept. 1712, 102–105.)

86,27 *ranzioniren:* (frz.) freikaufen.

87,1 *Copicken:* Hundert Kopeken entsprechen einem Rubel.

87,29 f. *Griechischen Religion:* Die russisch-orthodoxe Kirche spaltete sich im 15. und 16. Jahrhundert zwar von der byzantinischen (griechisch-orthodoxen) Kirche ab, gegenüber reformierten Kirchen bilden sie aber noch eine Einheit. Der Graf und Steeley reizen den autoritären Popen mit ihrem kritischen Bekenntnis gegen die Orthodoxie zu boshaften Denunziationen, sie hätten »wider den Zaar und die Kirche gesprochen«, was ihre Lage verschlimmert.

88,15 f. *geschlossen:* in Ketten gelegt.

88,24 *Bodoggen:* Prügelstrafe mit Stöcken (*batocki*) auf den entblößten Rücken.

92,24 *ein Pflaster:* Sammelbegriff für alle möglichen äußerlichen medizinischen Anwendungen zur Wundversorgung, Stabilisierung durch Bandagen oder Aufbringung von Salben, Tinkturen, Essenzen.

93,13 f. *Rußische Knees:* niederer russischer Adelstitel, etwa einem Freiherrn (Baron) entsprechend.

94,4 *Bedeckung:* Wachmannschaft.

96,21 *Pohem:* Festung am Fluss Tas in Sibirien.

97,7 *Curland:* westlicher Teil des heutigen Lettland.

97,8 *Catharina:* Katharina I. (1684–1727) war nach dem Tod des Zaren Peter des Großen für zwei Jahre (1725–27) regierende Kaiserin von Russland.

97,12 *Risse:* maßstabsgetreue Zeichnungen von Gebäuden oder Architekturpläne.

97,30 *beweglich:* hier: bewegt, ergriffen.

104,22 *Cosakisches Mädchen:* Auf die Ähnlichkeiten dieser Figur zu Gellerts Bearbeitung des Inkle und Yariko-Stoffes – der Liebe eines Kolonialeuropäers zu einer anmutigen Ureinwohnerin in Nordamerika – ist zurecht hingewiesen worden. Im Großen Nordischen Krieg verbündeten sich die Kosaken in ihren Unabhängigkeitsbestrebungen vorübergehend mit den Schweden und anderen russischen Gefangenen.

107,4 *zwanzig Werste:* Eine Werst entspricht 1,0668 Kilometern.

111,31 *Podagra:* Fußgicht.

113,28 *beweglichen Briefe:* bewegenden, rührenden Briefe.

113,29 *Memoriale:* Denkschrift, hier eher: Bittschrift.

114,10 *erlegen:* hinterlegen, deponieren.

115,3 *Archangel:* Archangelsk, Hafenstadt an der Mündung der Nördlichen Dwina ins Weiße Meer.

116,23 *Untreue:* Die liebreiche Miene und die anschließende Umarmung machen zwar deutlich, dass der Graf keinen ernstlichen Vorwurf gegen seine zum zweiten Mal verheiratete Gattin erhebt. Nach Gellerts christlichem Moralsystem hat sich die Gräfin aber trotz der erhaltenen Nachricht vom Tod des Grafen und einer zehnjährigen Wartezeit der Bigamie schuldig gemacht, da sie das mit dem ehelichen Sakrament geleistete Versprechen lebenslanger Treue gebrochen hat.

121,23 *auf den Knien betend:* Gellert scheint mit religiösen Riten des Judentums kaum bekannt zu sein, seine christlich basierte Fehlannahme erfolgt ganz beiläufig.

122,19 f. *Vielleicht würden viele von diesem Volke beßre Herzen haben:* Gegen den antisemitischen Zeitgeist verweist Gellert hier auf den Umstand, dass »Verachtung und listige Gewalttätigkeiten« von Christen gegenüber Juden diese häufig zur Gegenwehr herausfordern, die dann auch rechtswidrig sein kann.

124,14 f. *was ist das Vergnügen der Freundschaft für eine Wollust:* Mit der Wiederkehr Steeleys erreicht der allgemeine Freundschaftsbund einen rührenden Höhepunkt, Graf, Gräfin, Steeley, Caroline und Herr R** liegen wie in einem Tableau einander in den Armen – und so »waren alle ein Freund«. In den *Moralischen Vorlesungen* heißt es zu dieser umfassenden Empathie: »Der Mensch kann sein Vergnügen in dem Glücke der Andern erneuern, es durch Handlungen befördern, ihren Schmerz durch Mitleiden verringern, durch Hülfe und Rath heben [...]. Die größte Wollust des Herzens!« (GSS VI, 25)

128,5 *durch meine Liebe belohnen:* Steeley wird zuerst in Sibirien mit einem kosakischen Mädchen belohnt, nachdem er einem unmenschlichen Russen das Leben gerettet hat, jetzt erhält er Amalia zum Lohn für seine demütig ertragene Gefangenschaft. Diese christliche Logik vom Lohn Gottes für gute Taten kommt im Roman wiederholt vor,

Steeleys Vater bringt den Grundsatz auf den Punkt: »Ich bin gegen die Nothleidenden gütig gewesen, und Gott wird es auch gegen mich seyn« (151).

129,6 *aufgelaufnes Haar:* in die Höhe gewachsen.

134,13 *weisse Geräthe:* Bettwäsche.

134,20 *Flaschenfutter:* Reisebehältnis für Wein oder Getränke.

140,15 *Schach:* Die zwischen der Gouverneurswitwe Amalia und dem freigesprochenen Gefangenen Steeley – aus Gründen der Schicklichkeit und sozialen Differenz – so lange hinausgezögerte wechselseitige Liebeserklärung spiegelt sich hier in dem taktischen Brettspiel Schach wider, das sich durch Distanz und heimliche Strategie auszeichnet. Auch in Lessings *Nathan* kommt im Spiel Sittahs mit Saladin (Szene II,2) die Parallele zwischen dem Schach und dem Kalkül mit menschlichen Figuren zum Ausdruck.

143,19 *Lustschlosse Taninska:* Lustschloss nahe Moskau.

145,23 *Krankheit des Gemüths:* Der schwermütige Lebensüberdruss des zwanzigjährigen Wid, wie er später genannt wird, der sich das Leben zu nehmen versucht, wird hier wiederum humoralpathologisch durch »verdorbnes Blut« gedeutet.

146,22 f. *ungetreuen Liebhaber:* Wid hat seine Geliebte mit dem gemeinsamen Kind (»Frucht unsrer Liebe«) verlassen und aus Reue darüber einen Suizidversuch unternommen. Das kehrt enttäuschte Liebe als häufigste Suizidursache in Christian Heinrich Spieß' *Biographien der Selbstmörder* (1785) um, indem der Täter und nicht das Opfer sich selbst zu entleiben versucht.

152,26 *Leiden:* Die 1575 in Leiden gegründete Universität – die älteste der Niederlande – war im Humanismus und Barock ein Anziehungspunkt auch für deutsche Autoren, u. a. Paul Fleming, Andreas Gryphius, Christian Hoffmann von Hoffmannswaldau.

153,5 *Paquetboot:* Postschiff, Packboot.

159,1 *Envoye:* (frz.) Gesandter.

Literaturhinweise

1. Ausgaben

Gellert, Christian Fürchtegott: Sämmtliche Schriften. Leipzig: Weidmann [u. a.], 1769–70. [Nachdr. Hildesheim: Olms, 1968.] [Sigle: GSS]

– Sämtliche Schriften. Bd. 5: Leben der schwedischen Gräfin von G**. Bern: Walthard, 1769. [Sigle: BA]

– Gesammelte Schriften. Kritische, kommentierte Ausgabe. Bd. 4. Hrsg. von Bernd Witte. Berlin / New York: de Gruyter, 1989. [Sigle: KA]

2. Forschungsliteratur

Behr, Isaschar Falkensohn: Gedichte von einem pohlnischen Juden. Hrsg. von Gerhard Lauer. St. Ingbert 2002.

Breitinger, Johann Jacob: Fortsetzung der Critischen Dichtkunst worinnen die Poetische Mahlerey in Absicht auf den Ausdruck und die Farben abgehandelt wird. Zürich 1740. [Nachdr. Stuttgart 1966.]

Brendel-Perpina, Ina: Der Zusammenhang von theoretischen Postulaten und literarischer Praxis. Gellerts Briefsteller und sein Roman *Leben der schwedischen Gräfin von G****. In: Buchpersonen, Büchermenschen. Hrsg. von Gudrun Schury [u. a.]. Würzburg 2001. S. 37–47.

Bunzel, Wolfgang: Gellerts Roman *Leben der schwedischen Gräfin von G****. Erzählstruktur und Wirkungsabsicht. In: Wirkendes Wort 45 (1995) S. 377–395.

Cleve, John Walter van: Tolerance at a Price: The Jew in Gellert's *Schwedische Gräfin*. In: Seminar. A Journal of Germanic Studies 18 (1982) S. 1–13.

Felsenstein, Frank (Hrsg.): English Trader, Indian Maid. Representing Gender, Race, and Slavery in the New World. An Inkle and Yarico Reader. Baltimore 1999.

Hentschel, Uwe: »Was will die Poesie Gellerts im 19. Jahrhundert?« Ein Dichter und sein Platz in der deutschen Literaturgeschichte. In: Gellert und die empfindsame Aufklärung. Hrsg. von Sibylle Schönborn und Vera Viehöfer. Berlin 2009. S. 273–283.

Löffler, Katrin: Gellerts Roman *Leben der schwedischen Gräfin von G**** im Kontext der zeitgenössischen philosophischen und theologischen Anthropologie. In: Gellert und die empfindsame Aufklärung. Hrsg. von Sibylle Schönborn und Vera Viehöfer. Berlin 2009. S. 99–116.

Meyer-Krentler, Eckhardt: Der andere Roman. Gellerts *Schwedische Gräfin*. Von der aufklärerischen Propaganda gegen den ›Roman‹ zur empfindsamen Erlebnisdichtung. Göppingen 1974.

Pechtold, Sandra: Der »Inkle und Yariko«-Stoff in den *Fabeln und Erzählungen* und als strukturelles Moment in Gellerts Roman *Leben der schwedischen Gräfin von G****. In: Literatur in Wissenschaft und Unterricht 41 (2008) H. 4. S. 205–217.

Saße, Günter: Die Ordnung der Gefühle. Das Drama der Liebesheirat im 18. Jahrhundert. Darmstadt 1996.

Schlipphacke, Heidi M.: Eros and Community: C. F. Gellert's *Leben der schwedischen Gräfin von G****. In: The Germanic Review 76 (2001) S. 70–89.

Singh, Sikander: Christian Fürchtegott Gellert. Hannover 2010.

Stenzel, Jürgen: Idealisierung und Vorurteil. Zur Figur des ›edlen Juden‹ in der deutschen Literatur des 18. Jahrhunderts. In: Stéphane Moses / Albrecht Schöne (Hrsg.): Juden in der deutschen Literatur. Frankfurt a. M. 1986. S. 114–126.

Wegmann, Thomas: Tauschverhältnisse. Zur Ökonomie des Literarischen und zum Ökonomischen in der Literatur von Gellert bis Goethe. Würzburg 2002. S. 35–56.

Wels, Volkhard: Christliche Providenz in Gellerts *Schwedischer Gräfin*. In: The Lessing Yearbook 40 (2012/2013) S. 7–29.

Witte, Bernd: Die andere Gesellschaft. Der Ursprung des bürgerlichen Romans in Gellerts *Leben der Schwedischen Gräfinn von G...* In: Ders. (Hrsg.): »Ein Lehrer der ganzen Nation«. Leben und Werk Christian Fürchtegott Gellerts. München 1990. S. 66–85.

– Christian Fürchtegott Gellert: *Leben der schwedischen Gräfin von G****. Die Frau, die Schrift, der Tod. In: Interpretationen: Romane des 17. und 18. Jahrhunderts. Stuttgart 1996. S. 112–149.

Nachwort

Als Gellert 1751 seinen Briefsteller *Briefe, nebst einer praktischen Abhandlung von dem guten Geschmacke in Briefen* publizierte, fügte er in eines der Musterbeispiele einen Selbstkommentar zu seinem eigenen Roman *Leben der schwedischen Gräfinn von G**** (1747/48) ein (Dokument 6, 170 f.). Darin bedankt er sich bei einer Jungfer Muhme für zwei Handarbeiten und übersendet ihr im Gegenzug den Roman sowie seine Übersetzung von Jacques Saurins theologischer Schrift *Kurzer Begriff der Christlichen Glaubens- und Sittenlehre, in Form eines Catechismus* (1749). Die spöttische Reaktion der Adressatin nimmt er dabei selbstironisch vorweg: Er kündigt nicht nur an, dass der Roman – den Genreerwartungen der Zeit entsprechend – vielleicht sittenverderbend erscheinen könnte, wofür der Katechismus dann einen heilenden Ausgleich schaffen würde, sondern er hält es auch für denkbar, dass die Jungfer Muhme das eine für das andere nehmen möge. Das erschiene dann einerseits als harsche Kritik an seinem Roman, andererseits räumt er aber ein, dass sie mit diesem Urteil möglicherweise recht habe. Was soll diese fiktive Charade um den eigenen Roman?

Erstens ist sich Gellert durchaus bewusst, dass die absurde und höchst unwahrscheinliche Anhäufung gräulicher Begebenheiten in seinem Roman ziemlich anstößig wirken könnte. Albrecht von Haller und Joseph von Eichendorff bringen sie besonders knapp auf den Punkt (Dokumente 9 und 11, 172 und 173 f.): »Da ist eine Geschwisterehe, eine geistige Doppelehe, Vergiftung und Selbstmord.« Die Berner Ausgabe von 1769 bringt zwei dieser schrecklichen Höhepunkte auf Kupferstichen zur Darstellung (Abb. 3 und 4, 191 und 193). Zweitens ist Gellerts Annahme, die Jungfer könnte den Roman gleichwohl als Katechismus lesen, gar nicht so abwegig. Denn die Figuren

Abb. 3: Marianens Selbstmord, Kupferstich nach Samuel Hieronymus Grimm (BA, V)

überbieten sich in geradezu grotesker Weise an Empathie, Nächstenliebe, Vergebung und Entsagung. Keine Enttäuschung, keine Aufdeckung ungeahnter Schuld, keine erschreckende Wiederbegegnung mit dem tot geglaubten Grafen, seiner für tot gehaltenen natürlichen Tochter Mariane und ihrem unwissentlich geehelichten Bruder, dem vermeintlich besten Freund Carlsons, der diesen aber um Mariane willen vergiftet hat – nichts also erscheint zu tragisch, schrecklich und schockierend, um nicht vernünftig und gelassen verziehen zu werden. Die *Schwedische Gräfin* ist also – so urteilt Volkhard Wels nach ausführlicher Argumentation – »ein Katechismus in Romanform« (Wels 2012/13, 25). Da diese Form der Dichtung jedoch »Mitte des 18. Jahrhunderts ästhetisch anrüchig geworden« ist, gibt dieser Umstand sich drittens so wenig zu erkennen, dass »auch die gelehrtesten Interpreten in diesem Roman nur eine ›resolute Diesseitsorientierung‹ und ›radikale Säkularisierung‹ erkennen konnten« (ebd., 26) statt eines sehr ernst gemeinten Bekenntnisses zur christlichen Offenbarung und einer fast alttestamentarischen Straflogik für die Mesalliance des Grafen mit Caroline, die Doppelehe der Gräfin mit dem Grafen und dem Herrn R** sowie die Geschwisterehe zwischen Mariane und Carlson. Gerade dieser sittliche Rigorismus hat Gellert später viel Ablehnung im Sturm und Drang und der Aufklärung eingetragen, andererseits aber auch große Zustimmung im konservativen Bürgertum nach der Märzrevolution im 19. Jahrhundert: Der von Georg Gottfried Gervinus verliehene Titel als »Großhofmeister der ganzen Nation« ist dabei nur eine der herausragenden Flaggen (Hentschel 2009, 278).

Gellerts Roman schlägt nicht nur theologisch und moralisch eine Brücke zwischen Offenbarungsglauben und aufgeklärter Vernunftreligion. Sozial und politisch vermittelt er zwischen adeliger Ständegesellschaft und Emanzipation des Bürgertums. Literarisch steht er zwischen spätbarocken Staatsroma-

Abb. 4: Mariana ist ihre Schwester, Kupferstich nach Samuel Hieronymus Grimm (BA, V)

nen, Abenteuergeschichten oder Robinsonaden auf der einen und autobiographischen, empfindsamen, rührenden Individualerzählungen des inneren Menschen auf der anderen Seite. Diese unterschiedlichen Bindungsfunktionen zwischen Früher Neuzeit und Moderne könnte man auf die Formel einer neuen Lebensphilosophie bringen, die christliche und bürgerliche Moral in einer gefälligen, fiktionalen Form für ein größeres Publikum erschließt, um so im Prozess der Aufklärung zu nützen, zu unterhalten und zu bilden. Oder mit Johann Georg Hamann gesprochen: Gellerts »Werke sind der Tugend viel einträglicher als unzählige Schriften, die in einer hohen Schreibart eine gemeine Sittenlehre enthalten« (Dokument 5, 170). Was zeichnet dieses literarische Übergangswerk also in besonderer Weise aus?

1. Der neue deutsche Roman

Lange stand Johann Gottfried Schnabels vierteiliges Werk *Insel Felsenburg* (1731–43) recht einsam für den Roman der Frühaufklärung da. Diese als realistische Geschichte ausgegebene Inselutopie nach einem Schiffbruch knüpft natürlich – wie so viele Bücher der Zeit – an Daniel Defoes *Robinson Crusoe* (1719) an. Zugleich entwickelt sie das bei Defoe bereits angelegte puritanische Bekenntnis zu einer mit redlichem Fleiß und beharrlichem Nützlichkeitssinn ermöglichten Urbarmachung und Kolonisierung eines Niemandslandes zur pietistischen Gesellschaftsutopie weiter. Sie handelt vom unermüdlichen, über Generationen vorangetriebenen Aufbau eines Idealstaates auf der paradiesischen Insel Felsenburg durch den einst schiffbrüchigen ›Altvater‹ Albert Julius. Der darin vorgelegte Tugendkatalog hätte dem lutherischen Pastorensohn Christian Fürchtegott Gellert unbedingt zugesagt.

Im *Leben der schwedischen Gräfin von G**** entwirft er vergleichbare moralische Vorstellungen, allerdings nicht in paradiesischen Umständen wie bei Schnabel, sondern im Gegenteil unter ständig durch Krieg, Flucht, Schicksalsschläge und schwierige Familienbeziehungen erschwerten Bedingungen. Tugend, Redlichkeit und Edelmut müssen sich in diesem Buch von Seite zu Seite gegen immerzu neu konstruierte Unbill behaupten und bewähren. Die sonst in periodisch erscheinenden ›Moralischen Wochenschriften‹ – einem meist weiblichen Publikum – vorgelegten kurzen Erzählungen und lebensphilosophischen Denkaufgaben gelangen so »zum ersten Mal im deutschen Sprachraum [...] in die verachtete Gattung des Romans« (Witte 1996, 112). Gellert erzielt damit einen überraschenden europäischen Erfolg, den erst eine Generation später Goethe mit seinen *Leiden des jungen Werthers* (1774) wiederholen wird. Übersetzungen ins Englische, Französische, Holländische, Italienische, Polnische, Ungarische, Russische erscheinen in rascher Folge, in einige Sprachen sogar mehrfach (KA, 233, 240).

Wie der Roman in andere europäische Literaturen hineinwirkt, so bezieht er von dort auch seine entscheidenden Anregungen. Zeitgenössische Rezensenten haben das bald bemerkt, die *Franckfurtischen gelehrten Zeitungen* stellen die Neuerscheinung 1749 sogleich in eine Reihe mit Pierre Carlet de Marivauxs *La Vie de Marianne* (1731–42) und Samuel Richardsons *Pamela, or Virtue Revarded* (1740). *Das Leben der Marianne Oder die Abenteuer der Gräfin**** ähnelt Gellerts Roman bereits in der Titelgebung, die standhafte Tugend und Empfindsamkeit des Findelkindes Marianne qualifiziert es für die Ehe mit einem ebenfalls namenlosen Grafen***. Auch der Briefroman *Pamela oder die belohnte Tugend* rückt das Thema der verfolgten und tapfer bewährten Unschuld in den Mittelpunkt und schafft durch die enge Anlehnung an die ›Conduct‹

oder ›Courtesy books‹ der Zeit so etwas wie einen moralischen Verhaltenskodex, dem Gellerts selbstironische Anspielung auf das eigene Werk als Katechismus ebenfalls gilt. Als dritter Bezugstext wäre schließlich auch an Defoes Roman *Moll Flanders* (1722) zu denken, dessen titelgebende Protagonistin den frommen, sparsamen Asketen Robinson durch Lebenslust und Sinnlichkeit im Sinne eines ganzheitlichen Menschenbildes ergänzt. Moll Flanders drängt sich als Vorlage für die abgründigen Bewährungsproben der Tugend in Gellerts Roman geradezu auf, weil sie – im Gegensatz zu Marianne und Pamela – als eine in vornehmen Häusern verführte Unschuld schließlich zur Prostituierten wird, dann in der dritten von sechs Ehen unwissentlich ihren Bruder heiratet und sich ab der vierten durch nicht eintretende Verwitwung oder Scheidung eigentlich der Bigamie schuldig macht. Trotz der großen Gegensätze zwischen Tugend und Laster ist *Marianne*, *Pamela* und *Moll Flanders* gemeinsam, dass die nach wie vor spürbare Episodenreihung der Barockliteratur zunehmend durch innere Reflexion, psychologische Beobachtung oder Brief- und Tagebuchbekenntnis überwunden wird.

Genau das lässt sich auch für Gellerts Roman behaupten. Lessing erkennt in diesem Werk einen überfälligen Neuanfang: Als er 1753 auf das »Feld der Romanen« blickt, sieht er nur Bücher wie den *Herkules*-Roman (1666) von Andreas Heinrich Bucholtz, den *Arminius* (1689/90) von Daniel Casper von Lohenstein, *Die Römische Octavia* (1677–1707) von Herzog Anton Ulrich oder *Die Asiatische Banise* (1689) von Heinrich Anselm von Ziegler und Kliphausen (Dokument 7, 171). Alle diese umfangreichen Barockhistorien folgen dem Prinzip der Reihung ohne innere Entwicklung. Gellert greift diese episodische Bauweise auf, um sie dann aber durch Menschlichkeit, Empfindsamkeit, Privatheit zu unterwandern und somit einen gegenläufigen, »anderen Roman« zu schaffen (Meyer-Krentler 1974).

Für diese persönliche, individuelle Note sorgen vor allem die eingefügten elf Briefe, sie werden im hohen Maße »zum Medium artikulierter Emotion« (Bunzel 1995, 381). Diese Schreiben sind Belegdokumente für die Ich-Erzählerin – übrigens die erste weibliche Erzählfigur in der deutschen Romangeschichte (Pechtold 2008, 206) –, die sie einleitend jeweils vorwegnimmt, als Konklusion ihrer Überlegungen nutzt oder als dialogische Stimmen anderer Figuren aufruft. Sie versprechen zeitliche und räumliche Unmittelbarkeit und Augenzeugenschaft in der erst im Nachhinein aufgezeichneten Lebensgeschichte der schwedischen Gräfin. Wie eine Generation später die Anwälte des psychologischen Romans als ›innere Geschichte des Menschen‹ (Friedrich von Blanckenburg, Johann Jakob Engel) um die Vorteile der (dialogischen) Figurenrede gegenüber dem auktorialen Bericht von außen wissen, verspricht auch Gellert bzw. seine Erzählerin sich viel davon, einzelne Figuren durch Briefe selbst zu Wort kommen zu lassen: »Es ist immer, als wenn man mehr Antheil an einer Begebenheit nähme, wenn sie der selbst erzählet, dem sie zugestoßen ist« (75). Entsprechend verteilen sich diese Dokumente recht gleichmäßig über das Romanpersonal. Vor allem die beiden extrem langen Briefe des Grafen an seine Gattin im zweiten Romanteil etablieren eine prominente zweite Ich-Erzählstimme.

Im intimen Genre des Briefes können die Figuren den gesetzten, vernünftigen, distanzierten Berichtduktus der Erzählerin hinter sich lassen, mit dem sie ihre Lebensgeschichte mehr rekonstruiert als dokumentiert. Mit dem ersten Brief wirbt der Graf aufrichtig und empfindsam um die Liebe seiner künftigen Gemahlin, dreimal spricht er vom Herzen – erst seinem, dann ihrem; und die Gräfin kommentiert das Schreiben einleitend mit einer Charakterisierung solcher Zustände: »Der Verstand thut nicht viel dabey, sondern das Herz redet meistens allein« (10). Im zweiten Brief stellt sich die einstige Verlobte des Grafen Caroline vor, die ihn jetzt ohne jeden Neid und Vorwurf für eine andere Frau freizugeben bereit ist. Das dritte Schreiben, das wie die vorangehenden von der Erzählerin bereits einleitend zusammengefasst wird und deshalb nicht überraschen soll, sendet der verwundete und todesgewisse Graf aus dem Lazarett an seine Gemahlin, um sich zu verabschieden. Nach seinem angenommenen Tod bietet sich seine vermeintliche Witwe mit einem Billet und Porträt in einem rokokohaften Rollenspiel dem in sie verliebten Herrn R** an, der sich bereits geliebt weiß, aber nicht von wem. Mit dem fünften Brief verabschiedet sich schließlich Carlson von seiner Gattin und Schwester Mariane und mit dem sechsten sein Mörder Dormund voller Reue von Herrn R**. Letzterer kündigt schließlich in einem Schreiben dem Grafen seine Entsagung von ihrer gemeinsamen Ehefrau an. Dieser selbstlose Verzicht bezeichnet den höchsten Grad an Großmut in dem Roman, die französische Übersetzung erfasst diese Szene in einem Kupferstich (Abb. bei Löffler 2009, 115). Mit den sieben Briefen sind alle handlungstragenden Figuren des ersten Romanteils vorgestellt und haben sich selbst charakterisiert.

Poetisch hat man dieses Durchmischen des nüchternen autobiographischen Erzählberichts der schwedischen Gräfin mit intimeren Briefdokumenten sehr einleuchtend auf den Begriff der bewegenden oder »hertzrührenden Schreibart« aus Johann Jacob Breitingers *Critischer Dichtkunst* (1740) zurückgeführt (Bunzel 1995, 389). Im zweiten Band entwickelt der Schweizer Philologe unter dieser Kapitelüberschrift eine eigene »Sprache der Leidenschaft«, die uns »nöthiget, an den vorgestellten fremden Handlungen und Angelegenheiten, als Menschen von gleicher Natur Theil zu nehmen, und durch die Gemeinschaft eben derselben innigen Rührungen für ihr Wohl nicht weniger besorget und unruhig zu seyn, als für unser eigenes«

(Breitinger 1740, 352 f.). Statt von Logik, Grammatik oder Rhetorik wird diese natürliche Ausdrucksweise von der unmittelbaren Leidenschaft und erhitzten Phantasie regiert. Selbst wenn bei Gellert die intimeren Briefe immer noch recht gezügelt und vernünftig daherkommen, scheint er für sein Programm einer wirkungsästhetischen Sittenschule durchaus einen solchen unmittelbaren, unverbildeten, emotionaleren Ton angestrebt zu haben. Die wahren Anwälte der Leidenschaften, nämlich die Vertreter des Sturm und Drang, haben ihn eine Generation später dennoch als fade belächelt und abgelehnt – ein Urteil, das als Grundlage weiterer negativer Einschätzungen über die Goethezeit hinaus diente (Witte 1990, 68 f.).

2. Tugend und Empfindsamkeit

In seiner Literaturgeschichte stellt Joseph von Eichendorff *Das Leben der schwedischen Gräfin von G**** einerseits an den Anfang einer »Reihe der moralisirenden Romane«, andererseits verwirft er den Text aber aufgrund der kruden Mischung aus »Gräuel« und »Wohlanständigkeit der Tugend« (Dokument 11, 173 f.). Gellert selbst hält indes an der Überzeugung fest, dass geeignete Romane wie Richardsons *Clarissa: Or the History of a Young Lady* (1748) oder *The History of Sir Charles Grandison* (1753/54) für die sittliche Bildung mehr leisten können als »eine ganze Bibliothek moralischer Schriften«. Genau solche Romane, wie er sie mit der *Schwedischen Gräfin* offenbar selbst anstrebt, fordert er in seiner Antrittsvorlesung mit dem programmatischen Titel *Von dem Einflusse der schönen Wissenschaften auf das Herz und die Sitten*, Werke also, »die uns entweder die Tugend in ihrer liebenswürdigen Gestalt, oder das Laster von seiner abscheulichen oder lächerlichen Seite zeigen« (GSS IV, 90).

Beide Seiten sind in dem Roman im exemplarischen Extrem vertreten. Die Ehe (die Gellert persönlich nie einging) wird einerseits überall als höchstes Gut propagiert, andererseits immer wieder bedroht oder infrage gestellt. Die Absicht, mittels solcher Gegenüberstellungen und Bewährungsproben »durch das Vergnügen zu nützen«, ist dabei unverkennbar. Das attestiert 1774 Gellerts erster Biograph, der Theologe Johann Andreas Cramer, mit Klopstock Herausgeber der Moralischen Wochenschrift *Der nordische Aufseher* (1758–61). Die *Schwedische Gräfin* nennt er »den ersten Originalversuch in dieser Gattung« und bittet – offenbar bereits im Zeichen kritischer Stimmen des Sturm und Drang –, diesen Versuch im Moralischen »mit Nachsicht beurteilen« zu wollen (GSS X, 63). Die Ehe als höchster Ausdruck von Gellerts Begriff der ›vernünftigen Liebe‹ steht in dem Roman tatsächlich überall zur Diskussion und Disposition. Im Unterschied zu Ehen der Frühen Neuzeit, die aus Konvenienz geschlossen wurden und als Zweckgemeinschaft die Reproduktion, soziale Absicherung und Bewahrung des Familienrangs sicherten, basiert die Ehe in der Frühaufklärung auf gemeinsamen moralischen Werten. Stand und Besitz werden abgelöst durch Vernunft und Tugend. Geteilte Pflichten der Religion und Sittlichkeit stehen im Vordergrund, vernünftige Liebe hat also – wie die Moralische Wochenschrift *Der Freymäurer* erinnert – nichts mit den »Thorheiten der so genannten Verliebten« oder gar mit »Ausschweifung« zu tun (Saße 1996, 31). Das gleiche gilt für die ›zärtliche Liebe‹, in der die gemeinsame Glücksempfindung im Rahmen gemeinsamer Werte noch vor der Vernunft steht, sich jedoch »strikt abgrenzt von der Leidenschaft, die nach der Erfüllung emotionaler und sexueller Bedürfnisse strebt« (ebd., 39 f.).

Diese tugendhafte Liebesauffassung, die »sinnliche Liebe« und »geistige Liebe« immerhin bereits vernünftig balancieren will (41), verbindet Gellerts Roman mit Richardsons *Clarissa* und *Pamela* oder mit Sophie von La Roches *Fräulein von Sternheim* (1771). Erst mit Goethes *Werther* (1774) kommt eine neue, heftige, romantische Leidenschaftlichkeit auf, die zweifellos zum überwältigenden Erfolg dieses Romans beiträgt. Nur so ist verständlich, wie Herr R** scheinbar ohne große emotionale Verletzungen seine Ehe mit der Gräfin aufgeben und Liebe gegen Freundschaft eintauschen kann, als plötzlich der ebenso legitime erste Gemahl wieder auftaucht. Solche Störfaktoren, die das Konzept Ehe und Familie gleichsam auf die Probe stellen und zu dessen Bewährung Anlass geben sollen, sind überall in den Text eingebaut (Schlipphacke 2001). Allerdings geschieht dies so oft, dass die Wahrscheinlichkeit und Glaubwürdigkeit darunter zu leiden beginnt. Schon einer der ersten Rezensenten hält es 1749 für »fast unmöglich«, dass so viele schreckliche Begebenheiten »in einer einzigen Familie zusammen eintreffen können« (Dokument 3, 168 f.).

Doch genau das geschieht. Erst wächst die Erzählerin bei ihrem Vetter und nicht in ›normalen‹ Familienverhältnissen bei ihren Eltern auf – übrigens rechtschaffene, aber nicht sehr wohlhabende livländische Adelige –, weil sie schon früh verwaist. Dann heiratet sie den schwedischen Grafen, ohne von dessen Mesalliance mit Caroline zu wissen, aus der die beiden unehelichen Kinder Carlson und Mariane hervorgingen. Zurück am schwedischen Hofe bedrängt ein Prinz von S – – die jung vermählte Gräfin, schickt deren Mann gezielt in eine Schlacht und damit in die Kriegsgefangenschaft, um sich des Konkurrenten zu entledigen. Am Ende wird er dem Geist des Romans gemäß auch noch die Vergebung des Grafen erlangen und nach dessen Tod der Gräfin erneut den Hof machen. Der sterbende Graf will seine Frau noch an Herrn R** zurückgeben, doch der lebt auch nicht mehr lange. Carolines Kinder gehen unschuldig eine inzestuöse Ehe ein, Mariane heiratet nach Carlsons Tod ebenfalls unwissend dessen Mörder Dormund

und nimmt sich schließlich das Leben. Die einzige Ehe, die fast ohne Makel bleibt, wird zwischen Amalia, der Witwe des russischen Gouverneurs, und Steeley, dem ehemaligen englischen Mitgefangenen des Grafen, geschlossen. Allerdings hatte er in der Vergangenheit bereits seine Braut Antonia verloren, als diese vor seinen Augen vom Blitz getroffen wurde.

So zahlreiche Schicksalsschläge, bei denen einige Nebenfiguren noch gar nicht berücksichtigt sind, wirken zwar unrealistisch, sie bieten aber immer wieder Gelegenheit, um Tugend, Nachsicht, Nächstenliebe und Reue unter Beweis zu stellen. In Gellerts Roman geht es eben überall um »temperiertes Mitempfinden« und »Entwicklung des vernünftigen Denkvermögens« auf Seiten des Publikums, nicht aber um »Überwältigung des Lesers durch affektauslösende Ereignisse und Handlungshöhepunkte« (Singh 2010, 50). *Die schwedische Gräfin* durch die Brille von Goethes *Werther* zu lesen und daran zu messen, wäre enttäuschend. Die Zeit für psychologisch ausdifferenzierte Figuren, die Leser zur empathischen Introspektion und Identifikation einladen, ist einfach noch nicht angebrochen. Aber ein wichtiges Bindeglied zwischen äußerlich erzählten barocken Aventiureromanen und den Innenansichten empfindsamer Charakterstudien ist erstmals geschaffen.

3. Andere Kulturen: Der polnische Jude und das Kosakenmädchen als edle Figuren

Mit der Gefangenschaft des Grafen im wilden Sibirien setzt der zweite Teil des Romans nochmal neu an. Die Geschichte des Grafen wie die seines Leidensgenossen Steeley werden ausführlich von der nun als Herausgeberin oder Nacherzählerin auftretenden Gräfin entfaltet. Der Graf wie Steeley kommen dabei durch drei neu hinzutretende Nebenfiguren über die

Entbehrungen und qualvollen Erfahrungen besser hinweg, die wie andere Protagonisten im ersten Teil schicksalhafte Umstände positiv umkehren und so erträglicher machen. Zum einen ist es Amalia, die Gattin des unnachgiebig strengen Gouverneurs, die dem Grafen Hoffnung auf Befreiung macht und die Steeley später zur Frau nimmt. Zum anderen sind es die im Sozialgefüge der Zeit eigentlich deklassierten Figuren des polnischen Juden und des Kosakenmädchens, die sich verbreiteten Vorurteilen zum Trotz beide als überaus edelmütig und selbstlos erweisen.

Die überwältigende Großmut des polnischen Juden lernt der Graf kennen, nachdem er ihm elementare Menschenliebe erwiesen und ihn auf der Zobeljagd im Schnee vom Tod durch Erfrieren errettet hat. Der namenlos bleibende Jude dankt es ihm durch finanzielle Zuwendungen und Transaktionen, die letztlich zum Freikauf des Grafen beitragen. Geld und Tausch spielen in dem Roman überhaupt eine große Rolle (Wegmann 2002). Der Graf und die Gräfin tätigen immer wieder geschickte Anlagen, nicht aber zur eigenen Bereicherung, sondern um andere großzügig daran teilhaben zu lassen und entstehende Verluste ohne Zögern auszugleichen. Amalia, die Frau des Gouverneurs, überlässt dem gefangenen Grafen in Sibirien wertvolle Juwelen, die der Jude ihm dann fair zu Geld macht, das wiederum den Weg in die Freiheit ebnet. Später lässt ihr Diener Christian eine Schatulle mit fast dem gesamten Vermögen Amalias – mehr als fünfzigtausend Taler ist eine gewaltige Summe – aus Unvorsichtigkeit ins Meer fallen, worüber man völlig gelassen und ungerührt hinwegkommt. Geld scheint im Unterschied zu Tugend in dieser kleinen Gesellschaft kaum von Bedeutung zu sein, solange es verfügbar ist.

Der polnische Jude kehrt nun das negative Stereotyp vom gierigen Geldverleiher um. Schritt für Schritt widerlegt er alle Klischees, die sich mit der Bezeichnung seiner Herkunft verbinden mögen. Jahre später benennt diese Isaschar Falkensohn Behr in der Vorrede zu seinen von Goethe scharf rezensierten *Gedichten von einem pohlnischen Juden* (1772). Während er selbst ein glattrasierter Jüngling im grünen Rock sei, würden die Worte »pohlnischer Jude« beim Publikum wohl eher folgendes Bild hervorrufen: »schwartzvermummt, das Gesicht verwachsen, die Blicke finster, und rauh die Stimme« (Behr 2002, 11). Gellert hat zu einem solchen Zerrbild keinen Anlass geboten, tatsächlich ist seine Figur der wohl »erste ›edle Jude‹, den die deutsche Literatur hervorgebracht hat« (Stenzel 1986, 116). Er beweist dem Grafen, der selbst eben keineswegs frei von Vorurteilen ist, »daß es auch unter dem Volke gute Herzen giebt, das sie am wenigsten zu haben scheint« (86). Äußerlich ist der Jude im Unterschied zu der Darstellung bei Behr zwar als solcher erkennbar, doch die ehrliche Miene, »sein grauer Bart und sein langer pohlnischer Pelz gaben ihm ein recht ehrwürdiges Ansehn« (120 f.). Später in Amsterdam vermacht dieser edle Mann der Tochter des Paares zehntausend Taler. Die Erzählerin kommentiert diese Großmut mit der später auch von Christian Wilhelm Dohm in der Emanzipationsschrift *Über die bürgerliche Verbesserung der Juden* (1781) vorgetragenen These, dass Übertretungen von Juden das Resultat und nicht die Voraussetzung ihrer Ausgrenzung und Unterdrückung sind: »Vielleicht würden viele von diesem Volke beßre Herzen haben, wenn wir sie nicht durch Verachtung und listige Gewaltthätigkeiten niederträchtig und betrügerisch in ihren Handlungen machten« (122 f.).

Der Einwand, dass es bei Gellert noch nicht um religiöse Toleranz, sondern um die Anerkennung der wirtschaftlichen Möglichkeiten und guten Verbindungen des polnischen Juden gehe (van Cleve 1982), ist nicht unberechtigt. Gleichwohl schmälert das nicht die Tatsache, dass diese Figur sich von Vorurteilen der Zeit positiv abhebt. Gellert verwendet dazu offenbar einen Aufsatz von Joseph Addison aus *The Spectator* von 1712, in dem dieser auf die internationale Vernetzung jüdischer Kaufleute verweist (vgl. Anm. zu 86,11). Genau das kommt dem Grafen zugute, denn sein Wohltäter versetzt geschickt die geschenkten Juwelen, verständigt sich mit Geschäftspartnern in Moskau, stattet den Grafen zur Vorsicht mit Wechseln statt mit Bargeld aus und nutzt seine Verbindungen für die Versendung von Briefen. All das bedeutet größte Hilfe für den Grafen. Lange vor einer Internationalisierung von Handel und Geldverkehr kommen die von Addison hervorgehobenen globalen Verbindungen unter jüdischen Kaufleuten dem Grafen unmittelbar zugute.

Mit dem ebenfalls edel gezeichneten Kosakenmädchen, das Steeley die Gefangenschaft in Sibirien erleichtert, tritt eine zweite Nebenfigur positiv aus dem sozialen Abseits hervor. Wie zuvor schon der Jude beweist sie, »daß es auch unter dem wildesten Volke noch edle und empfindliche Herzen giebt« (104). Schnell wird klar, dass es bei der »kleinen Freundschaft« nicht bleibt: Die von der Frau herbeigeführte Begegnung an der klaren Quelle – einem *locus amoenus* – wiederholt sich, es ist mehrfach von Liebkosungen und Liebe die Rede, Steeley folgt der »wilden« (106) Naturschönen zu ihrer Hütte und ihrer Familie. Nur die Verlegung der Gefangenen an einen anderen Ort beendet dieses amouröse Verhältnis, das die universale Sympathie und Zusammengehörigkeit der tugendhaften, schönen Seelen über alle Grenzen der Völker, Sprachen, Religionen und Stände hinweg demonstrieren soll.

Wiederholt hat man diese kleine, idyllische Szene im rauen Sibirien mit Gellerts Verserzählung *Inkle und Yariko* (1746) in Zusammenhang gebracht (Pechtold 2008). Darin erleidet der geschäftstüchtige englische Kaufmann Inkle vor Amerikas Küste Schiffbruch, ein schönes »wildes Mädchen« namens Yariko nimmt ihn liebevoll auf, nährt ihn mit »Früchten« und aus einer frischen »Quell«, sie »spielt an seinen Haaren«, erweist ihm »Zärtlichkeit«. Wie im Roman zeigt sich die Erzählstimme verwundert: »Was für ein treues Herz in einer Wilden schlage!« Inkle vermittelt ihr seine Sprache, will sie mit nach London nehmen, inzwischen ist sie auch noch von ihm »schwanger«, auf dem Rückweg verkauft er sie aber aus »Hunger nach Gewinn« auf Barbados einem »Sklavenhändler«, verwandelt also »Dankbarkeit in Tyranney« (GSS I, 23–27). Die Konstellation und Stichworte ähneln sich auffällig. Hinzu kommt, dass Gellert diese außerordentlich weit verbreitete Fabel (Felsenstein 1999) – wie die Sache mit dem edlen Juden – aus dem *Spectator* in der Übersetzung der Gottschedin übernimmt. Im *Spectator* vom 13. März 1711 erzählt die Legende ausgerechnet Richard Steele, dessen Name Gellerts Figur fast aufs Haar ähnelt. Inkle ist sogleich von den »wild graces of the naked *American*« angetan, wie in Gellerts Verserzählung und im Roman erquickt die junge Schönheit ihn mit Früchten und Quellwasser, spielt mit seinem Haar, drückt ihn an ihre Brust, schmückt seine Höhle und erlernt seine Sprache (Felsenstein 1999, 81–88).

Den tragischen Umschlag der Geschichte von Inkle und Yariko verlagert Gellert – den Regeln einer Balance von Tugenden und Lastern in seinem Roman getreu – an andere Stelle (Pechtold 2008, 211 f.). Auf einer der Spazierfahrten der Gräfin, des Grafen und des Herrn R**, auf denen gerne nach Gelegenheiten für Wohltaten Ausschau gehalten wird, findet sich auf einer Wiese eine hilflos wimmernde »junge Weibesperson« (118), die gerade ein Kind zur Welt gebracht hat. Der Vater, auch er ein angehender Kaufmann, der die junge Frau mit sich nach Den Haag nehmen wollte, verließ die Verzweifelte unter dem Vorwand, Hilfe zu holen. Doch Gellerts Gesetzen der moralischen Äquilibristik gemäß, endet die Szene damit noch nicht. Die Gräfin nimmt Mutter und Kind sofort wohltätig auf.

Als Steeley mit Amalia verbunden werden soll, erfährt man durch den französischen Geistlichen von einem jungen Mann, der sich aus Reue das Leben nehmen wollte. Es handelt sich genau um den flüchtigen Kindsvater Wid, den die inzwischen von der Gräfin gerettete Mutter aufsucht und ihm vollständig verzeiht. Das Glück ist wie in all den anderen Fällen wieder hergestellt.

Diese kleine Nebenepisode steht wie viele andere damit gleichsam für die Generallinie dieses Romans: Um die Botschaft der Tugend zu gewährleisten, werden hier Schuld und Sühne, Enttäuschung und Vergebung, Bindung und Entsagung, Schicksal und Zufall mit fast mathematischer Ausgewogenheit gegeneinander vermittelt, so dass am Ende die moralische Gleichung stets aufgeht. Dem seit der Goethezeit entstehenden moderneren Verständnis von Wahrscheinlichkeit und psychologischer Schlüssigkeit kann das nicht immer entsprechen.

Inhalt